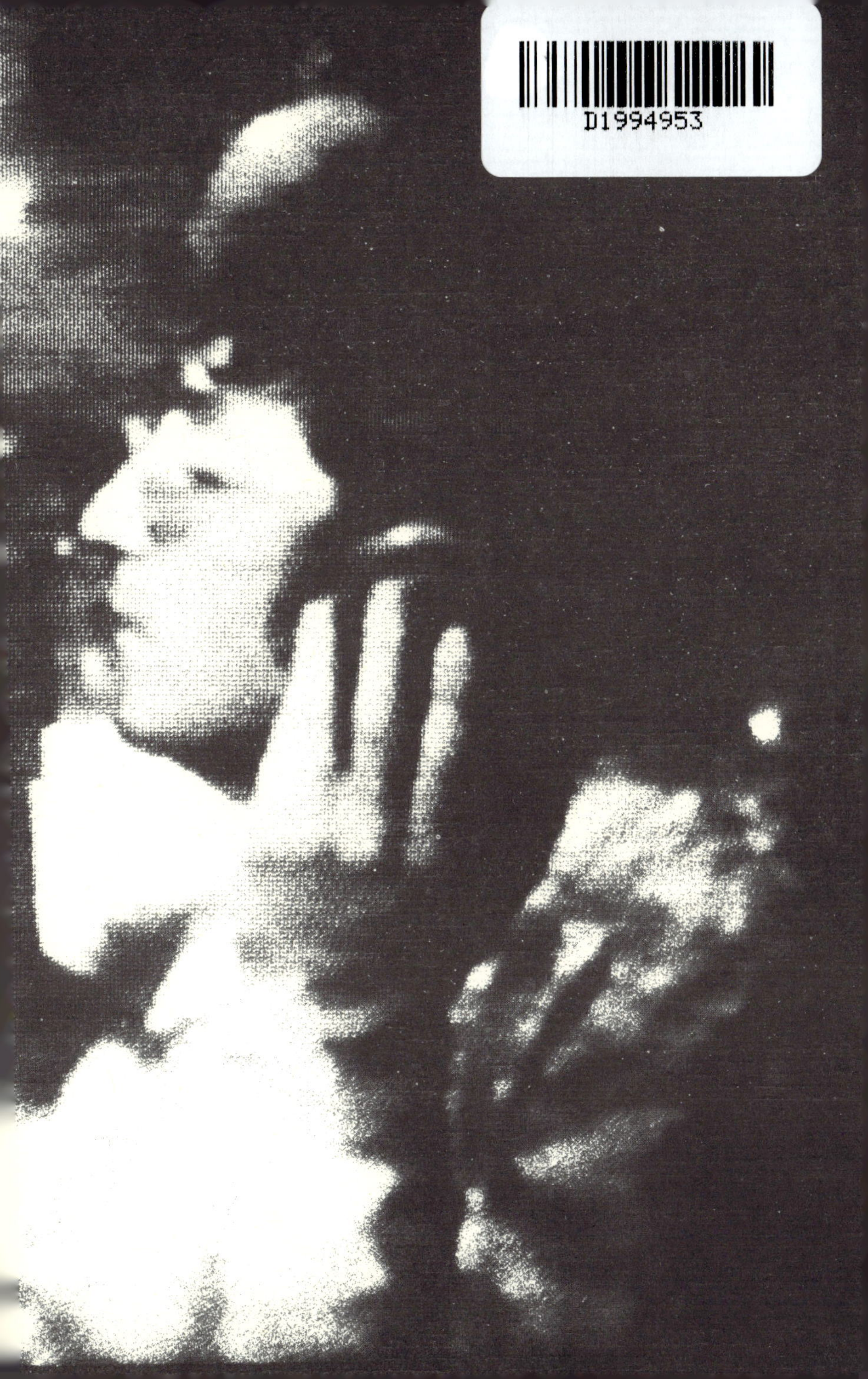

theweleit · Objektwahl

Wenn ich ein Vöglein wär
und auch zwei Kotflüglein hätt',
flög ich zu Dir.

(Vlado Kristl, Tod dem Zuschauer)

klaus theweleit

OBJEKTWAHL

(All You Need Is Love ...)

Über Paarbildungsstrategien
&
Bruchstück einer Freudbiographie

Stroemfeld / Roter Stern

Die Kopfzeilen der einzelnen Seiten (*Kolumnentitel*) sind aus Songs von: S. 8 ff. (Jimi Hendrix) / 11 ff. (Bob Dylan) / 14 ff. (Hendrix) / 17 ff. (den Beatles) / 20 f. (Prince) / 22 f. (den Rolling Stones) / 24 (Dylan) / 25 ff. (Stones) / 29 f. (Prince) / 31 f. (Hendrix) / 33 (Sarah Vaughan) / 34 f. (Wyatt Day) / 36 f. (The Kinks) / 38 (Ray Charles) / 39 f. (Nina Simone) / 41 ff. (Hendrix) / 45 (Prince) / 46 ff. (Beatles) / 50 (Ray Charles) / 51 (Prince) / 52 f. (Beatles) / 54 ff. (Stones) / 57 ff. (Beatles) / 61 ff. (Ray Charles) / 65 ff. (Barry Mann) / 69 (Stones) / 70 f. (Beatles) / 72 ff. (Nico & Velvet Underground) / 76 f. (Beatles) / 78 ff. (Dylan) / 81 ff. (Hendrix) / 86 f. (Dylan) / 88 f. (Stones) / 90 ff. (Nico & Velvet Underground) / 98 ff. (Ray Charles) / 101 f. (Hendrix) / 103 f. (J. J. Cale) / 105 ff. (Ray Charles) / 108 f. (Kinks) / 110 ff. (Hendrix) / 114 f. (Dylan) / 116 f. (Leonard Cohen) / 118 f. (Dylan) / 120 ff. (Hendrix) / 126 f. (Dylan) / 128 f. (Hendrix).

Die Songzeilen im Text sind von Lennon/McCartney (S. 18, 32), Hendrix (S. 28, 47), Harrison (S. 56) und Prince (S. 127). Die Gedichtzeilen auf S. 128 von Vlado Kristl. Die Schrifttype der Überschrift auf S. 7 ist aus Freuds *Gelben Seiten*, faksimiliert.

CIP-Titelaufnahme der Deutschen Bibliothek
Theweleit, Klaus:
Objektwahl: (all you need is love);
über
Paarbildungsstrategien & Bruchstück einer Freudbiographie. /
Klaus Theweleit. – Basel; Frankfurt am Main:
Stroemfeld/Roter Stern 1990
ISBN 3-87877-321-8

CH - 4007 Basel · Oetlingerstr. 19
D - 6000 Frankfurt am Main · Holzhausenstr. 4

Satz: Spiegel & Co, Marburg/Lahn
Druck und Bindung: Fuldaer Verlagsanstalt
Printed in Germany.

***

Dies war zuerst ein Vortrag für die Ringvorlesung 'Psychoanalyse und Gegenwart' an der Uni Frankfurt; gehalten am 17. 1. 1990 auf Einladung von Christa Rohde-Dachser, Institut für Psychoanalyse. Tags darauf noch einmal in Berlin, im Georg-Kolbe-Museum, auf Einladung von Edelgard Abenstein im Zusammenhang mit Ausstellungen in Berliner Museen über Frauen im 20. Jahrhundert. Vortrag, überarbeitete und erweiterte Fassung.

Da wir kürzlich für ein paar Monate in Arkadien waren (wie Amerika in der französischen Literatur des 17. Jahrhunderts noch heißt), und ich geschnuppert habe am amerikanisch-akademischen Leben in New England, die Kinder am schulischen und meine Frau an dem, zu dem sie Lust hatte, *Life* also vorging, sind weder Bd. 2 noch Bd. 3 vom *Buch der Könige* weit genug gediehen, durch eine Druckerpresse zu gehen.

Dies hier schien eher von passendem Format, die Lücke zwischen Bd. 1 und den weiteren nicht größer werden zu lassen. Daß es nicht nötig sei, *alles* immer auf 1003 Seiten zu verstecken, glaube ich schließlich (Lesern, Zuhörern und dem Verlag) auch.

Objektwahl ist großenteils herausgenommen aus den Typoskripten zu Bd. 3, dem Freud-Band in Arbeit. Dies Buch kann, wird jener mal erschienen sein, als *Bd. 3a* im Regal stehn.

Ich danke Christian Schaeffer, Monika Theweleit-Kubale, Margret Berger und Martin Langbein, die *available* waren diesen Sommer als Leser und Helfer während der Entstehung, für Korrekturen, Materialien, Anregungen, Verwerfungen und ihre generelle Zustimmung (die größte Hilfe, wenn es etwas eilig ist).

Bilder hat dieser Text nicht; das hat zu tun mit einer vernünftigen Regel des Alten Testaments, dem *Bildverbot* für das *Objekt*, dem 1. Gebot of LOVE (und dort natürlich mißverstanden, weil bloß auf die Liebe zum Herrn bezogen.) Aber er hat, hoffentlich, Töne.

In Amerika war zu sehn, die Schallplatte, die alte Schönheit, stirbt. Für die meisten *Record Stores* ist sie schon gestorben. Dies Buch ist all denen gewidmet, denen das Leben und die Liebe (auch) auf schwarzen Scheiben spielt(e), *den letzten Ptolemäern*. Das nächste spielt auf anderen.

Freiburg, 21. 8. 1990

Objektwahl.

Wenn wir von Heiratsweisen hören, denken wir, vollautomatisierte Kinder des Zeitalters der befreiten Liebe, auch an Liebesweisen. Heiratsweisen, Liebesweisen:

– als am 25. Juni 1967, genau in der Mitte des *Summer of Love**, BBC in London die erste Satellitenschaltung Live für Fernsehübertragungen von der einen Seite des Erdballs auf die andere Seite vornahm (3 amerikanische, 1 russischer Satellit; 300 Kameras an 42 verschiedenen Plätzen der Erde; simultaner Empfang in 31 Ländern; jedes Land steuerte eine *Besonderheit* bei: die Westdeutschen Bayreuth/Wagner), geschah es mit einer Art Selbstverständlichkeit, daß die britischen Übertragungskonzernherrn die Hochzeitsmusik zur nachrichtentechnischen Verheiratung der antipodischen Erdhälften nicht in den eigenen Studios suchten: sie bewegten ihre Kameras zu EMI & den *Beatles*, und John Lennon brachte das mit einer Marseillaise-Fanfare eingeleitete Weltvereinigungsstück ALL YOU NEED IS LOVE dem ganzen, nun endlich auf mcLuhansche Weise mit sich selbst vereinigten Erdball zu Gehör. *OUR WORLD* hieß das Programm.

Marseillaisen, 1789ff., 1967, im Bewußtsein, neue Zeiten zu eröffnen. All you need is Love – was sonst.

Fürs Übertragungswesen, fürs Verheiratungswesen, für die kosmischen Weltumarmungsweisen, für die Philosophie, die

* *behind the shelter in the middle of the roundabout, sagten die Popsänger …*

Religionen, für die Wissenschaften vom Menschen wie für das Ertragen der täglichen Arbeitslast und für den Einkauf im Supermarkt – all you need is. Wer spannungsausgeglichen ist und richtig (drahtlos) verbunden, der hat auch Geld, Zeit und Freiheit, der lebt und liebt mit den richtigen Leuten; alles kommt von allein dahin, wo LOVE ist.*

Der Westen ist die letzten 20, 30 Jahre unterwegs, dies LOVE zu suchen und die Suche danach den ganzen Tag um den Erdball zu senden –; so sehr, daß selbst der durch nichts zu rührende Osten seine Mauern und Tore zu öffnen begann, sich in die sehnenden Arme der West-Liebe zu werfen.

West-Love ... dies ist die Nachricht, die frohe Botschaft unserer Jahrhunderthälfte – und sie kam an; wenn nicht hier, dann woanders.**

Im WESTEN nämlich, von wo sie ausgesendet wird, für aufgeklärte Westlerinnen und Westler, steht 'die Liebe' als Lebensdurchführungsverfahren nicht sehr hoch im Kurs. Zwar wird das *All you need is Love* von den meisten auf irgendeine Weise geglaubt; der Glaube daran, daß man sie aber auch finde oder bekomme, 'die Liebe', die man bräuchte, ist relativ gering. Hier

* *Das Stück wurde eigens geschrieben für die Show. „We had been told we'd be seen recording it by the whole world at the same time. So we had one message for the world – 'Love'. We need more love in the world. It's a period in history that needs love." (Paul McCartney am 22. 7. 1967 zum NEW MUSICAL EXPRESS).*

** *Im Januar 1990 zeigt das Fernsehen weiter Bilder aus dem Land Ost, diesmal Bulgarien, diesmal Sofia. Leute auf den Straßen mit All You Need Is Love auf dem Transparent und aus den Speakern. (Erich Brinkmann und Bernd Walz haben es mir erzählt nach dem Vortrag in Berlin/West.)*

zählt gar kein Glaube, sondern Erfahrungen: Liebe ist ein ungeliebtes Gefühl.

Das Glück wird anderswo gesucht, in der Arbeit, in Arbeitsbeziehungen, in anderen sozialen Verbindungen, in Waren, auf dem Immobilienmarkt, in den kulturellen Szenerien, in der Herstellung von Kunst oder Kindern, in der Selbsterweiterung, in Friedens- oder Unfriedensbewegungen, in Dingen, die man einwirft, sonstwo. Die LIEBE ist dabei ein Neben- oder Abfallprodukt, tritt beiläufig ein, bleibt ein bißchen und kann wieder gehn.

Für die meiste vergangene Zeit und die meisten Gesellschaftsformen gilt, daß Verheiratungsweisen mit Liebesweisen nichts zu tun haben. Es gab hin und wieder ein paar Geschichtsinseln, Zeiträume, Orte, in denen, an denen für eine begrenzte Zahl von Menschen die sogenannte Liebesheirat eine Rolle gespielt hat. In unserer Zivilisation ist ihre Entstehung eng mit dem Medium der Schriftlichkeit verbunden, mit Buchstaben, die sich von der Bibelschrift emanzipieren und die jeweils eroberten Öffentlichkeitsräume mit den Worten ›Frau‹ und 'Liebe' codieren. 'Liebe' ist an allererster Stelle eine Sache der Literatur gewesen, an einigen Plätzen Südfrankreichs im 9.und 12. Jahrhundert, in Italien um 1300, wieder Frankreich und Italien nach 1500, in England auf 1600 zu, in Deutschland erst gegen 1800. Ovid machte einen großen Versuch um das Jahr Null. Das war ein Wendepunkt in der Geschichte, den die Geschichte nicht mitmachen wollte (hat Greil Marcus angemerkt zum Pariser Mai 1968). Ein schöner Satz, er paßt auf viele Wendepunkte.

'Liebe' als Thema; Liebe als Generator von Schreibweisen, von Textsorten, Liebe als tragisches Thema und als Textsorte 'codiert mit Tod': denn verheiratet wurde selbstverständlich weiter nach ganz anderen Gesichtspunkten als denen der Verliebtheit zwischen einem Mann und einer Frau. Erst im 20. Jahrhundert, nach dem ersten Weltkrieg, nach der Beseitigung der meisten militärmonarchischen Ordnungen, als die Liebe aus den Büchern auf Leinwände und Schallplatten übergegangen ist (oder: nach dem medialen Kuß Amerikas auf Europas müde junge Lippen), gibt es so etwas wie den massenweisen Versuch der Heiraten aus Liebe; Heiraten aus Gefühlen auch in solchen gesellschaftlichen Schichten, die sich diesen Luxus aus Erschöpfung und Ausgezehrtheit durch zu schwere Arbeit, zu schlechtes und zu wenig Essen und durch Überbelegung des zur Verfügung stehenden Wohnraums nie haben leisten können. Liebe war vielleicht ein Lied oder sie entstand in einem Paar nach der Heirat.

Heiraten aus Liebe erstmals auch für viele Frauen verschiedener Schichten; nicht nur das Recht, (Männer) in Parlamente zu wählen, wurde eingeräumt nach WW I ... auch 'Liebeswahl' als neue Töchter-Freiheit (einige, vor allem Amerikanerinnen, wählten eine andere Tochter zum Paar). Die vorhersehende Klugheit des Weltgeistes – Grabenkrieg – hat die neuen Möglichkeiten aber gleich mit dem Stachel des Frauenüberschusses versehen, der *Männern* erlaubte, wählerisch zu sein. Ich werde nie verstehen, wie man verliebt sein kann in die Hegelsche Dialektik.

All You Need Is Love – ein Landwirt in den letzten 400 Jahren hätte geantwortet, was er *brauche*, sei eine gute Arbeitsfrau, die kräftige Kinder in die Welt setzt, die das Geld zusammenhält und das Essen nicht verdirbt. Frühere Leibeigene bekamen die Frau, die Grundbesitzer ihnen gaben oder genehmigten.

Ein Fürst hätte geantwortet: er brauche eine junge Tochter aus einem mächtigen anderen Fürstentum; eine Frau mit Truppen und Geld im Gefolge, Garantin eines Machtzuwachses und selbstverständlich Thronfolger muß sie gebären können, Söhne.

Ein Kaufmannssohn aus einem der Gründerunternehmen des 19. Jahrhunderts hat nicht anders heiraten sollen (und meistens wollen) als eine Tochter eines anderen Unternehmens zwecks finanzieller Fusionen, Zeugung weiterer Firmenwesen und Geburt von Peter Petersen Junior, dem III.

Arbeiter im 19. Jahrhundert heirateten Frauen, die (wenn möglich) nähen, kochen und die Wohnung ungezieferfrei halten konnten und wollten; den Schuldeneintreiber abwehren, Brennholz organisieren u.ä., von den notwendigen Fähigkeiten im Hungern und Frieren nicht zu reden. Sehr oft hatten Braut und Bräutigam den gleichen Wohnraum geteilt (Kostgängerwesen). Heiraten wurden beschleunigt oder entschieden durch Schwangerschaften: Objektwahl nach dem Typus des Wohnens in der gleichen Behausung (eine sehr verbreitete Paarbildungsweise durch alle Jahrhunderte und mehrere Schichten); wieder zu Bedeutung gelangt in studentischen und anderen Wohngemeinschaften jetzt.

Ich spreche nicht von der Fähigkeit, Schläge zu ertragen, und von der jeweiligen Sexualität, die erst in der Ehe entscheidend werden, nicht bei der Heirats*wahl*.

Es gibt weitere Heiratsweisen, ebenso bekannt wie die genannten: die Zeitungsseiten ›Aus aller Welt‹ berichten z.B. regelmäßig von der indischen Doppelhochzeit, bei der die falschen Paare miteinander verheiratet wurden. Die Heiratenden haben sich, natürlich, vorher nicht gekannt. Wir lächeln, aber hier war es nicht viel anders: in der Regel wurden die, die dazu ausersehen waren, Paare zu bilden, nicht gefragt.

'Die Frau' (eine Tochter) ist in diesen Verheiratungsweisen entweder ein Stück Vaterökonomie, bringt Geld oder nimmt welches mit, schafft Koalitionen, Macht- und Geschäftsverbindungen; oder sie ist ein Teil der ökonomischen Bedürfnisse des Ehegatten; hat seine Arbeitskraft zu regenerieren, sein Durchkommen oder seine Aufstiege zu unterstützen, die Kinder in einer Ordnung zu halten (richtige Religion, Schließmuskelkontrolle), bis sie groß genug sind, ihr von einer männergesellschaftlichen Einrichtung zur weiteren Zurichtung abgenommen zu werden. Sie hat die Macht des Mannes auf der jeweiligen Gesellschaftsebene zu repräsentieren. Sie hat für seine sexuellen, genealogischen und anderen Ansprüche da zu sein.

Sexuelle Treue ist dabei manchmal verlangt, manchmal nicht; das hängt ab von der Art der Ökonomie, der Regelung der Erbschaften, von den Wohnverhältnissen, der Organisationsform der Öffentlichkeit u. ä.

Der Ausschluß der Tochter aus ihrer Sippe / Familie und ihre Verschiebung in eine andere, deren Namen sie übernimmt (wobei bestimmte Verträge geschlossen werden und Güter verhandelt, mit denen die Tochter nichts zu tun hat), ist vom *Alten Testament* bis jetzt das Fundament der patriarchalischen Familienbildung.*

Der Begriff 'Heiratsweise' historisch ist also ein Synonym für Verfahrensweisen des Tochterhandels, unter Ausschluß der Tochtersexualität.

* *sehr schön nachzulesen bei Lynda Boose: „The Father's House and the Daughter in It: The Structures of Western Culture's Daughter-Father-Relationship"; in: Lynda Boose & Betty S. Flowers (Hrsg.): Daughters & Fathers, Baltimore, Maryland 1989.*

„Do you love me?“ – „Do I WHAT?“ (Dialog eines Elternpaars, ältere Psychoklasse, jüdisch, in einem Broadwaymusical angesichts einer Tochter, jüngere Psychoklasse, die, aus 'Liebe' einen andern Mann will als den ausgesuchten.)

All you need is eine Tochter (anschließend Ehefrau), die kann oder darstellen kann, was nach den Bedingungen des männlichen Geschäfts, der männlichen Politik und Fortpflanzungspolitik nötig oder wünschenswert ist. Heiraten also nach ökonomischen, religiösen oder ethnischen Regeln, nach politischem Vorteil, nach der Soziogeographie; keine Tochter aus einem anderen Dorf oder *unbedingt* aus einem anderen Dorf; keine der anderen Religionen; keine der anderen Schicht oder *unbedingt* aus einer anderen Schicht (bei Bündnis- oder Aufstiegsheiraten); keine aus einer anderen Branche, aus einem anderen Dialekt ... *nur ein Schwabe hat die Gabe* ... und das weitere Rassismusrepertoire.

*

Nicht zufällig kommt erst zu Anfang des 20. Jahrhunderts jemand auf die Idee, sich mit dem Heiraten unter dem Gesichtspunkt der Liebeswahl zu befassen; Liebeswahl an erster Stelle; ein Affekt, der psychischen Gesetzen folgt. Soweit ich sehe, ist Freud der erste Theoretiker der Geschichte, der versucht, Heiratsweisen mit Formen der Verliebtheit in Zusammenhang zu bringen, mit Liebesweisen, für die die Vaterökonomie keine entscheidende Rolle spielt. (Wir werden sehen, daß sie schließlich doch eine Rolle spielt; aber Freud nimmt erhebliche Verschiebungen an ihr vor.)

Liebe & Heirat zu verbinden, ist eine Übertretung der gesellschaftlich-ökonomischen Gesetze, man kann auch sagen, der ökonomischen Vernunft. Dazu ist, wie für alle relevanten gesellschaftlichen Übertretungen, ein besonderer Zustand nötig, Zustand einer Berauschung, eines schönen Wahns, der die Energie zum Verlassen traditioneller Verhaltensbetten erzeugt und drohende Bestrafungen als belanglos erscheinen läßt. Der vermutlich erste Theoretiker des Liebens als Heiratsgrund zögert nicht, das Gefühl, um das er sich kümmern will, als massive Abweichung von der Normalität in der Nähe psychischer Krankheiten anzusiedeln.

Liebesheirat ist eine Art Wahnsinn, sagt Freud. Ein Wahn, der aber Regeln folgt. Die Grundregeln sind leicht anzugeben: anstelle des üblichen Erkennens der Realität nach bestimmten Erfordernissen des Realitätsprinzips steht hier eine Verkennung (eine Schädigung des Ichs, sagt Freud), eine grundsätzliche Verkennung des Liebesobjekts, deren Hauptzug die maßlose Überschätzung des geliebten Objekts ist, insbesondere eine Sexualüberschätzung des Objekts und seine Idealisierung; es folgt eine Identifizierung des Verkennenden mit diesem überschätzten Verkannten, genauer, mit *dieser* Verkannten, denn es handelt sich um ein im Prinzip männliches Verfahren. Frauen, sagt Freud, sind dieser grundlegenden Verkennung 'Liebe' nur bedingt fähig; die 'volle Objektliebe', so formuliert es der Text *Zur Einführung des Narzißmus* von 1914, ist bei ihnen nicht anzutreffen.

Ein nicht einfach 'anti-weiblicher' Satz, wenn man ihn in die bei Freud anklingende Form bringt: Frauen sind etwas weniger *verrückt* als Männer, sie sind nämlich nützlicher (wofür, werden wir sehen).

Die Menschen, die er kennt, sagt Freud, verlieben sich hauptsächlich auf zwei Arten: nach dem Anlehnungstypus und nach dem narzißtischen Typus. Nach dem *Anlehnungstypus* lehnt man seine Liebe an die Person an, von der die ersten Befriedigungserlebnisse stammen; das ist in der Regel die Mutter, die das Kind hielt und nährte.

Nach dem *narzißtischen* Typus lieben jene Erwachsene, die ihr Liebesobjekt nicht nach dem Vorbild der Mutter wählen, sondern nach dem ihrer eigenen Person. Sie suchen offenkundigerweise sich selbst als Liebesobjekt, sagt Freud. Er nennt das eine *Störung* der Libidoentwicklung.

Und er teilt die beiden Formen (unter Erwähnung möglicher Ausnahmen und Mischungen) grob den beiden Geschlechtern zu. Männer lieben mehr nach dem Anlehnungstypus, Frauen nach dem 'narzißtischen'.

Freud nennt, das will ich vorwegnehmen, in seinem Narzißmustext vier Formen der weiblichen Objektwahl, die, sieht man sie genauer an, alle auf einen besonderen Nutzen für den mit ihnen verbundenen Mann hinauslaufen; ich sage, ›den Mann‹, weil ich u. a. zeigen möchte, daß Freud dieser Mann selber ist. Er entwirft ein Modell weiblicher Liebeswahlen, das auf die Arten Frauen zugeschnitten ist, mit denen er lebens- wie institutionsgeschichtlich verbunden war: das sind Patientinnen; das sind Frauen, die Psychoanalytikerinnen bei ihm wurden; das sind seine Ehefrau und deren Schwester; und das sind seine Töchter, für deren psychosexuelle Entwicklung Freud hier, 1914, ein Modell entwirft (die Tochter Anna wird es sein, die diesem Entwurf sich später gewachsen zeigt). Für jede dieser Frauenkategorien gibt es eine spezielle Art der Befriedigung durch die für sie vorgesehene Objektwahlart; und jede Wahlart hat etwas Günstiges für die Erzeugung von Freuds Lebenswerk, für die Gründung und Erhaltung des psychoanalytischen Staats.

Soviel der Vorwegnahme, um den Gedanken präsent zu haben, auch die Freudschen Objektwahlweisen könnten mit Strategien zu tun haben (nicht nur mit Müttern und mit der ›narzißtischen‹ Liebe zu sich selbst).

Nach einer Weile werde ich dann Freuds eigene Heirat betrachten; seine von eineinhalbtausend Liebesbriefen unterstrichene Liebeswahl.

War es Liebe? Wenn ja, welche.

***

I. Lexicon of love.

Objektwahl nach dem Anlehnungstypus.

Sucht man in der eigenen Wahrnehmung nach Bestätigungen für die Freudschen Einteilungen, dürften den meisten Menschen Objektwahlen nach dem Anlehnungstypus einfallen; Männer, die immer in den gleichen 'Typ' Frau verliebt sind ('Mutter'?); Frauen, die immer mit demselben Typ Mann (in verschiedenen Ausgaben) zu sehen sind ('Vater'?). Manche von ihnen sind zum zweiten oder dritten Mal mit Partnern verheiratet oder anders fest verbunden, die so offenkundig körperliche Züge der eigenen Mutter oder des eigenen Vaters zeigen, daß man schwerlich wird behaupten können, dies habe bei der Objektwahl keine Rolle gespielt. Man muß die entsprechenden Eltern nicht unbedingt kennen, um das zu sehen. Bei allen Frauen und Männern, die immer in dieselben braunen Augen, denselben schlanken Gang, denselben Lippenschwung, dieselben Backen- und Beckenknochen, dieselbe Haarwelle verliebt sind, wird die Freudsche Grundannahme für diese Art der Liebeswahl: etwas *wieder*haben zu wollen, was es schon einmal gab, zumindest mitspielen.

Das Wieder*bekommen* ist allerdings nicht einfach, wie man an der Tendenz zur Reihenbildung, die aus der Beschreibung dieser Art der Objektwahl sich ergibt, ablesen kann. Das wird seinen Grund darin haben, daß die Geliebten, die gewählt wurden, weil sie etwas *wieder*bringen sollen, der Person, an die sie angelehnt sind, nicht genügend gleichen; oder doch genügend gleichen, aber zu viel Eigenleben entwickeln. Die meisten realen Frauen werden den Ansprüchen einer *Ersetzung* bestimmter Züge der Mutter des Mannes, die sie körperlich und emotional leisten sollen, weder genügen können noch genügen wollen; dgl. die Männer, die ausersehen sind, bestimmte Töchterväter zu ersetzen. Ein Zug zu 'Irrtum und Desillusionierung' – du bist gar nicht wie die Mutter/der Vater – ich will auch gar nicht wie 'die Mutter'/'der Vater' sein – du täuschst mich – nein, du verkennst mich – scheint diesen Verbindungen zuzugehören. Ein Haupttyp der Objektwahl, den Freud angibt, wäre also einer, in dem 'Liebe' sich zwar leicht entzündete, aber die größten Schwierigkeiten hätte, zu wachsen und zu dauern.

Fraglos ist ein starker Affekt im Spiel bei dieser Wahl. Einigen Männern, die ich kenne, ist die Verbindung ihrer Geliebten mit Zügen ihrer Mutter bekannt; sie erfüllt sie mit Mißtrauen. Trotzdem sind sie weiter oder wieder verliebt in eine Frau genau dieses Typs. Die Bewußtheit eines Symptoms, die Bewußtheit von der Herkunft und Bedeutung eines Symptoms, beseitigen es nicht, sagt Freud. Die affektive Kraft, die sich durchsetzt, ist offenbar größer als die Kraft einer selbstkritischen Wahrnehmung, an deren Grund die Furcht vor der möglichen Wiederholung eines bekannten *Scheiterns* lauert.

The long and winding road/that leads to your door/
will never disappear,/I've seen that road before,/
It always leads me here,/lead me to your door.

Andere heiraten eine Frau oder einen Mann, die deutlich von der Körperlichkeit der Mutter oder des Vaters abweichen.

Das muß nicht heißen, daß sie mit ›Anlehnung‹ nichts zu tun haben; aber unter dem Aspekt einer *Ähnlichkeit* mit der Mutter oder dem Vater wurde nicht gewählt.

Die Beziehung zum gleichgeschlechtlichen Elternteil dürfte in diese Art der Objektwahl hineinspielen. Eine Frau, die der Mutter *nicht* gleicht, zu lieben, heißt z. B. für den Mann, er wiederholt den Vater nicht, wählt anders, liebt anders – vielleicht *wird* er auch ein anderer (als der Vater war). Die Anlehnung an ein Elternteil erscheint demnach manchmal in Form einer Vermeidung sichtbarer Anlehnung. Die Vermeidung kann aber selber der stärkere Affekt bei dieser Wahl sein. Man kann also der Liebeswahl nach dem Anlehnungstypus die Wahl nach dem Ablehnungstypus ruhig an die Seite stellen. Geliebt wird eine Frau oder ein Mann nach der größtmöglichen Unähnlichkeit mit der gegengeschlechtlichen Elternfigur. Auch dies kann die long and winding road ergeben (zu immer derselben Tür ...)

Wie immer schreibt Freud von Sachen, die vorkommen.

Ob sie allerdings so vorkommen, wie Freud sie läßt, ist eine andere Frage. Bei der Liebeswahl nach dem Anlehnungstypus ist z. B. nicht ausgemacht, daß die oder der so Wählende damit eine *Lust wieder*haben möchte, die einmal von der Mutter ausging (für Freud der Hauptaffekt bei dieser Wahl). Einige Anlehnler, die ich kenne, berichten durchaus nicht von liebevollen oder fürsorgenden Müttern; eher im Gegenteil von Müttern, die sich nicht kümmerten, die öfter weg waren, anderen Dingen nachgingen. Sie 'lieben', würde das heißen, also Frauen nach dem Bild einer Mutter, die nicht liebevoll war? Welche Funktion hätte dann die Geliebte für sie, die sie in Anlehnung an diese Mutter lieben?

Selbstbestrafung mit einer Frau, die einer *ungeliebten* Mutter gleicht? (Zur Linderung von Schuldgefühlen etwa, die aus unterdrückter Wut auf die Mutter stammen?)

Wollen sie der Vater der Beziehung sein, der einer Frau nach dem Bild einer ungeliebten Mutter beibringt, wie man 'richtig' Mutter ist (z. B. an den eigenen Kindern)?

Wollen sie die eigene Frau strafen anstelle der Mutter, die für Rache nicht erreichbar ist, niemals erreichbar war?

Viele Gründe sind denkbar neben den von Freud angeführten; darunter besonders der einer Liebeswahl aus Un-Lust-Affekten. Ebenso wahrscheinlich setzt aber oft ein Affektbündel aus z. T. *widersprüchlichen* Affekten eine Wahl in Gang.

Ein Mann, der von seiner Mutter verlassen wurde, als er drei war (sie stürzte sich von einem Haus), verliebt sich in eine Frau, die gerade ihre dreijährige Tochter verließ, und sie sich in ihn, den dreijährig verlassenen Großen. Beide finden *wieder*, was sie nicht behalten wollten oder was *sie* nicht behalten wollte: Objektwahl aus einer Verschachtelung von Anlehnungen (mit unglücklichem Ende). Es ist sehr viel Geschichte in manchen Liebesgeschichten, mehr und andere als die vom Wiederhabenwollen der Fruchtwasserliebe oder des frühen Milch- und Streichelstroms.

Eine andere Erweiterung der Freudschen Konstruktion der 'Anlehnungsliebe' ergibt sich eher selbstverständlich. Sie ist keine vorwiegend männliche Wahl, wie Freud sie definiert. Frauen, die Männer danach wählen, was ihnen ein Vater einmal (positiv oder negativ) war, sind nicht weniger zahlreich als Männer, die nach 'der Mutter' gehn. Das läßt darauf schließen, daß die Lust, an die man sich anlehnt, die man wiederhaben möchte, nicht unbedingt die nur ist, die man als Kleinkind von der Mutter erfuhr (die ja etwas sehr Unwiederbringliches hat). Liebe nach dem Anlehnungstypus in der Freudschen Konstruktion ist ein bißchen wie die Liebe zum Mond (der, bei aller Schönheit, schwer anzufassen ist).

Ob es überhaupt angebracht ist, nur Mütter (oder Väter; was Freud ja nicht tut) in die Konstruktion der 'Anlehnung' einzusetzen, wird sich gleich zeigen: ich denke an Geschwister, deren Konstellation zueinander in der Freudschen Psychoanalyse eine noch ganz untergeordnete Rolle spielt.

*

'Kameradenschwester' oder 'Bruder der Freundin'.

Der Männertyp, den ich 'soldatischen Mann' genannt habe, heiratete in der ersten Hälfte dieses Jahrhunderts überwiegend die Schwester eines Kameraden, wenn möglich die Schwester des 'besten Freundes' (den weiblichen Doppelgänger des besten Freundes), im Grunde also gar keine Frau.

Als stärksten Affekt dieser Wahl habe ich in 'Männerphantasien' den Zug zu einer Vermeidung beschrieben: Vermeidung einer womöglich erotischen, fordernden Frau, einer Frau 'mit Erfahrungen' und Wünschen. Die Herkunft aus der Familie des geliebten, 'anständigen' Freundes funktioniert wie ein Güte- und Reinheitssiegel; ein Anti-Huren-Stempel, brüderstaatlich verpaßt; geheiratet wird ein *Name*, Name eines anderen *Mannes*. Er garantiert, daß sie ihn nicht mit Emotionen überschwemme, die seine mühsam erworbene gepanzerte Körperlichkeit auflösen würden; und der Bruder steht dafür, daß sie 'gehorcht'. Diese Art der Heirat kann unter die Abwehrmechanismen eingereiht werden. 'Die Frau' in ihr ist ein körperlich-psychisches Sicherheitssystem gegen gefürchtete Formen des

Lebens; als dies bekommt sie den Ring. Es sollen auch nicht Kinder diesen Ehen entspringen, sondern wieder Kameraden, Soldaten. Objektwahl *weiße Schwester.*

Wenn hier etwas vom Anlehnungstypus drin enthalten ist, dann, wie die Aufzeichnungen dieser Männer zeigen, eine Anlehnung an die Körperlichkeit einer eigenen, meist etwas älteren Schwester. Durch Identifikation mit dem Freund kann eine heimliche Befriedigung inzestuöser Wünsche bei dieser Art der Gattenwahl eine Rolle spielen; aber was heißt 'heimlich': ich habe diese Heirat als eine Variante der 'Jungfrauenheirat' angesehen; das war wahrscheinlich naiv. Die statistische Wahrscheinlichkeit sagt, daß viele dieser Schwestern Objekt nächtlicher Überfälle von Vätern ihrer Familien oder dieser Brüder selber waren; die Heiratsweise 'Kameradenschwester' kann also auch als eine Agentur zum unauffälligen interfamiliären Austausch deflorierter Schwestern angesehen werden; beide Seiten wußten, daß hier kein *außerfamiliärer* Mann im Spiel war; ein Sicherheitsschloß also in mehrfacher Hinsicht.

Bis zur Mutter als 'Objekt' kommt dieser Mann nicht und über die Schwester nicht hinaus; sie bezeichnet die *Grenze* der möglichen Objektwahl.

Was heißt, bis zur Mutter kommt er nicht? Das heißt, es handelt sich um einen Typ, der im Freudschen Sinn zur 'Objektwahl' nicht fähig ist, weil er den Zustand einer psychisch fundierten Subjekt/Objekt-Unterscheidung nicht erreicht. Er bleibt dem Mutterkörper verbunden in negativ erfahrenen, nie genügend aufgelösten symbiotischen Zuständen; eben deshalb wird die Mutter ihm nicht 'Objekt' und nicht Vorbild einer möglichen Wahl. Ich habe diesen Typ den 'Nicht-zu-Ende-Geborenen' mit einem von außen, durch Schmerzzufügungen,

Strafen und Drill zugefügten muskulären 'Ich' (Körperpanzer) genannt, dessen körperliche Spannungsausgleichsversuche nicht als Lustvorgänge, sondern als solche der Selbsterhaltung anzusehen sind.

'Erhaltungsmechanismen', wie Margaret Mahler sie an bestimmten in ihrer Entwicklung behinderten Kleinkindern beschrieben hat. Die Objektwahl bei diesem Mann fällt unter die Erhaltungsmechanismen. Sie ist zwar ein Affekt, sogar ein starker, aber keiner der Verliebtheit oder Liebe. In gewisser Weise gehört diese Art der Partnerwahl also gar nicht in eine Betrachtung von Liebesweisen; andererseits ist sie soziologisch-statistisch eine der verbreitetsten Heiratsformen bis etwa 1950 in Deutschland gewesen. Man kann sie nicht beiseitelassen, sondern muß feststellen: bis in die neueste Zeit hinein folgen die meisten Eheschließungen anderen als Liebesgründen; nur sind es bei diesen körperlich vom Schmerzprinzip geprägten soldatischen Männern des 20. Jahrhunderts nicht mehr unbedingt ökonomische oder entsprechende gesellschaftliche Gründe, die die Heiratsweise diktieren, sondern zu einem großen Teil *psychische* Gründe. Im Moment, der historisch die Möglichkeit 'Liebesheirat' für viele zu eröffnen schien, reagierten die meisten Männer erst einmal mit einem Schutzmechanismus, körperlich außerstande, freieren Frauen und freieren Formen des Erotischen zu begegnen. Sie errichteten so etwas wie Siegfriedlinien und Atlantikwall am eigenen Leib, Festungsbauten gegen die Invasionen.

Mit den Fühlern dieser Muskulatur haben sie in den dreißiger und vierziger Jahren alles vom Hitlerdeutschen Abweichende so sicher gespürt, daß ihnen selbst die Nadel im Heuhaufen kaum entkam, wenn sie vorher von einer jüdischen Hand berührt worden war. 'Jüdisch' war ihnen in erster Linie ein sexuelles Wort (= *sie lösen unsere Körper auf*); dann ein politisches (*sie lösen, bolschewistisch, unseren Staat auf*); dann ein ökonomisches (= *sie lösen unser Geld auf; schwimmen darin; wir haben nichts*).

All You Need Is SS, sagten diese Körper. Securitate, Selbstschutz in Staffeln, eine streng durchhierarchisierte Welt: 'Frauen' (und andere den Körper auflösende Kräfte) an 'ihrem Platz' (Küchen, Betten, Ghettos, Gräber).

Die Objektwahl nach dem Typus 'Kameradenschwester' gibt und gab es aber auch woanders. Sie spielt überall da, wo der gesellschaftliche Zugang zum anderen Geschlecht erschwert ist, eine große Rolle.

Wo traf man unverdächtig Mädchen (und unverdächtig mußte es in den 50er Jahren z. B. sein), wenn nicht in den Häusern der Freunde? Und umgekehrt: wo trafen die Mädchen unverdächtig Jungen, wenn nicht eben Brüder ihrer Freundinnen oder der Freundinnen ihrer Schwestern. Die ersten sexuellen Kontakte von Schülern der 50er und 60er Jahre ergaben sich meist mit solchen Schwestern oder Brüdern, nur hieß der Freund nicht mehr 'Kamerad' und das Resultat dieser Liebeswahl nur noch selten 'Ehe'. Als Instanz für erste Berührungen hat die Konstellation aber nichts von ihrer Bedeutung verloren, besonders in ländlichen Gebieten nicht, wo nach wie vor Schwestern, die mit dem Bruder (als 'nicht-besetzte' Frauen) in die Disco kommen, sehr hoch im Kurs der frauensuchenden Freunde stehen; dgl. die 'unbesetzten' Brüder der Mädchenfreundschaften. (Nach der Heirat übertragbar auf 'Liebe zur Frau des besten Freundes / Liebe zum Mann der besten Freundin'.)

Diese Liebeswahl ist stark davon bestimmt, welche Frauen

und Männer überhaupt gesellschaftlich erreichbar, zugänglich sind. Das startet ihren Affekt.

In ihrer psychischen Konstellation zeigt sie eine wichtige Abweichung von der Freudschen Konstruktion der 'Anlehnung': ihre Sexualität spielt nicht auf der Eltern-Kind-Ebene (liegt insbesondere nicht in der 'Mutter-Sohn' oder 'Vater-Tochter'-Genealogie), sondern auf einer Kind-Kind-Ebene. Es ist eine Art der Objektwahl, die den Bezug auf die Mutter oder den Vater nicht gerade *vermeidet*, aber unterläuft.

Objektwahl nach der Psychoklasse (Position in der Geschwisterreihe).

Die *affektive* Stärke von Verbindungen auf der Geschwisterebene ergibt sich aus einer Gleichheit oder Ähnlichkeit der Position in der jeweils eigenen Geschwisterreihe. Fragt man Männer und Frauen jetziger Paare nach ihrem Platz in der *birth order*, wie die Amerikaner sagen, findet man häufig, daß Erstgeborene eher mit Erstgeborenen verbunden sind, Mittlere mit Mittleren, Youngsters mit Youngstern (oder Paarbildungen nach anderen auffälligen Übereinstimmungen in der Geschwisterreihe). Bestimmte Positionen in der Reihe scheinen eine jeweils besondere Affektivität auszubilden; eine Affektivität, die ähnliche affektive Lagen bei anderen erkennt und anzieht. Die Gründe dafür sind nicht schwer zu sehen: geht man davon aus, daß Eltern an ihren Kindern immer auch Konflikte der eigenen Kindheit beleben, an einem ersten Kind etwa den Konflikt mit dem eigenen Vater, an einem anderen die Beziehung zur Mutter usw. (die völlig verschiedenen Ansprüche, die Eltern an ihre verschiedenen Kinder stellen, ergeben sich daraus), dann wird deutlich, daß Erstgeborene ganz andere Erfahrungen mit ihren

Eltern machen können als letztgeborene einer Reihe. Es ist nicht übertrieben, zu sagen, sie wachsen in einem anderen psychischen Universum auf.

Ich bin 5. von 6 Kindern einer Reihe und darin jüngster Sohn, mit einer jüngsten von drei Schwestern verheiratet. Meine Freunde waren und sind überwiegend jüngere oder letzte Geschwister ihrer Reihe; ein psychischer Geruch offenbar, den andere an mir wahrnehmen und den ich an ihnen wahrnehme, verläßlich. Leute, die mich irgendwie selbstverständlich als eine Art von „Erwachsenem" ansehen und entsprechend mit mir reden, stammen meist aus einer ähnlichen Geschwisterposition; während diejenigen, die nicht aufhören, mich in der Straßenbahn oder an der Kaufhauskasse als 'junger Mann' anzusprechen, vermutlich in die Erstgeborenenriegen gehören. Ebenso diejenigen, die, hörend, ich würde 'Bücher schreiben', zunächst einmal prüfen (oder ihre Nase entsprechend einstellen), ob ich das Alphabet kann (natürlich kann ich es nicht). Ich kann aber z. B. an Rezensionen ablesen, welche Art geschwisterlicher Liebe an ihnen mitschreibt.

Ich nehme an, daß für die Liebeswahl und Heiratsweise der meisten Leute *hier* die Sendenetze und Angelhaken der Geschwisterebene eine bedeutendere Rolle spielen als die Konstellationen im ödipalen Dreieck, die Mutter-Vater-Kind-Ebene also (das ist ein Eindruck; zu beweisen ist das nicht). Der New Yorker Psychohistoriker Lloyd deMause hat zur Bezeichnung solcher Differenzen den Begriff der Psychoklassen erfunden. Jüngere Geschwister gehören einer anderen Psychoklasse an als Erstgeborene (wie geschlagene Kinder eine andere Psychoklasse bilden als gestreichelte). Sie haben andere, klassenspezifische Wahrnehmungsweisen, Verhaltensweisen, eine andere Psychophysik. Der besondere Magnetismus der Anziehung oder Abstoßung zwischen ihnen auch bei der Paarbildung legt es nahe, von einer Objektwahl nach der *Psychoklassenlage* zu sprechen.*

Freud, ein *Ältester*, hat, in einem schönen Bild für die eigene Geschwisterreihe, im Alter zu seinem Bruder Alexander, dem letzten der Reihe, gesagt, sie, die beiden Männer, seien wie die Buchdeckel zu den fünf dazwischen geborenen Schwestern. Sigmund als die Vorderseite des Buchs, Alexander als das Back Cover. Dazwischen, 'das Buch' selbst, die ganze aufgeschriebene Sexualität des Rätsels der Frauen, des 'Unbewußten'. Mich, selber eher ein Alexander, drängt es wohl, der 'Vorderseite' des Buches Freud dies oder das hinzuzufügen, was nur das Back Cover weiß (wo die Schwalbe anders und anderes singt).

Zwischenfrage: Ist die Liebe angelehnt, oder kann sie selber gehn? Ist die geliebte Person da *oder ist sie* dort? *Oder ist der Andere* ›man selbst‹?

„Die Liebe" kommt nicht besonders gut weg in den genannten Verliebungsweisen.

Der Affekt, der die Objektwahl nach dem Anlehnungstypus bestimmt, gilt einer Person, die nicht anwesend ist: einer frühen, imaginären Mutter. Das berührt eine wichtige Frage: sind anwesende Körper besser liebbar oder abwesende? Freud antwortet, die Anwesenheit einer Abwesenden in einem gegenwärtigen Körper wird geliebt.

* *Psychoklassen am Telefon: die Stimmen, deren Eindringlichkeit ('Aufdringlichkeit') man sich nicht entziehen kann, obwohl man 10mal auflegen wollte. Sie gehören einem Psychoklassenfeind; hier droht kein Honeymoon.*

Heißt das nicht, dem Liebesaffekt keine eigene, besondere Kraft zubilligen und dem Liebesobjekt keine eigene besondere Existenz? Sexuelle Befriedigung, Spannungsausgleich orientierten sich an früheren Vorgängen, deren schwächerer Abklatsch der aktuelle Liebesakt nur wäre? Etwas traurig, solche Liebe.

Ich fand immer, daß die Erfahrung eines anderen Leibs als eines *fremden* Leibs, die Vermischung mit etwas schönem Unbekannten, das schönste Gefühl der Liebesumarmung ist; Berührung mit sonst nie Erfahrenem und anders auch nicht *Erfahrbarem* ... wenig von Wiedervereinigung (*CDU-Liebe*), sondern eine neue Art Leben.

Throw off your blues and shoes and things
and lay it down under the bed.
Just wrap me up in your beautiful wings.

Daß Liebesgefühle immer etwas Anwesendem *und* etwas Abwesendem in der geliebten Person gelten, wird so sein. Nur, muß das Abwesende mit einer Vergangenheit zu tun haben? Hat der Liebesaffekt nicht alle *drei* Seiten der Zeit? Wenn die Ekstasen des Denkens für die Denker in einer *Zeitenmischung* liegen, warum nicht auch für die Liebenden?

Der Liebesaffekt besetzt eine Person, die *da ist*, eine Person, die *da war* und sucht eine dritte, die *werden* soll in der geliebten Person. Der dritte Aspekt der Liebe, ihre *programmierende* Seite, gewiß nicht der schwächste Anteil des Affekts, wird von Freud eher vernachlässigt. Die Erzeugung der gewünschten Figur im Liebesobjekt wird oft mit Mitteln betrieben, deren merkwürdige Mischung aus unbewußten Zielsicherheiten und bewußten Zweckverfolgungen an *Strategien* denken läßt; Paarbildungsstrategien, Strategien zur Modellierung des Objekts. Ich beschreibe gleich einige.

Die geliebten Objekte wehren sich meistens gegen zwei der drei Zeiten, aus denen der Liebende sie anblickt: sie wollen weder werden, was eine Mutter oder ein Vater einmal waren und sie wollen nicht werden, was die Liebe des Anderen aus ihnen machen möchte; sie wollen geliebt werden, als das, was sie *sind*. Diesem am häufigsten ausgesprochenen Wunsch der geliebten Wesen wird von den Liebenden am seltensten entsprochen. Offenbar schätzen sie die Anschauung des Andern von sich selbst nicht oder nicht sehr hoch ein. Ich habe lange und lange an Dir gedeutet und Dich getadelt, und das Ende ist, daß ich nichts anderes wünsche, als Dich zu haben und so zu haben, wie Du bist. – schreibt Freud gegen Ende einer vierjährigen Verlobungszeit an seine Braut Martha Bernays. Was *vor* diesem Ende in Weisheit war (Freuds keineswegs unbedarfte strategische Versuche zum Umbau seiner Geliebten in die Person seiner Wünsche), werden wir in ein paar Momenten sehen.

Bei der Wahl nach dem Modus 'Kameradenschwester' 'liebt' man gleich gar kein Objekt, sondern dessen Vermeidung.

Wen oder was und mit welchem Gefühl liebt man, wenn man nach dem dritten Modus heiratet: Objektwahl nach der Psychoklasse, nach der Position in der Geschwisterreihe. Man heiratet eine Ähnlichkeit, eine Frau oder einen Mann aus gleicher Lage. – Gehört diese Liebe zu den Formen derer, die Freud die narzißtische Objektwahl nennt? Die narzißtische Liebeswahl hat bei Freud vier mögliche Formen.

Man liebt nach ihr
a) was man selbst ist (sich selbst),
b) was man selbst war,
c) was man selbst sein möchte,
d) die Person, die ein Teil des eigenen Selbst war.

Auf die Objektwahl nach der Psychoklassenlage passen die Formen a) und b). Man liebt zu einem Teil, 'was man selbst ist' und 'was man selbst war', wenn man als ältester Sohn sich in eine älteste Tochter verliebt und umgekehrt. Die Form c) 'lieben, was man sein möchte', kann ebenfalls hineinspielen (wenn man, als nicht so perfektes Exemplar der Sorte 'ältestes Kind', ein perfektes solches heiratet). Eine Art Liebe zur eigenen Psychoposition.

Es könnte sein, daß alle von Freud *narzißtisch* genannten Formen der Liebeswahl genealogisch auf die Kind-Kind-Ebene gehören (mit Ausnahme des Typus d), in dem die Mutter steckt). Auf die Überlappung dieser Form mit dem Anlehnungstypus haben Laplanche/Pontalis hingewiesen. Die Mutter ›kannte‹ man nicht, wie man ein Geschwister kannte oder wie man sich selbst kennt in einer Geschwisterposition. Die Mutter bleibt immer auch eine phantastische Figur aus einer anderen Welt, aus einer anderen Macht: Macht des Vaters, wie Macht, das Leben gegeben zu haben. Macht verschlingender oder beglückender Symbiosen. Man könnte daraus schließen, daß die Affekte aus der Kind-Eltern-Genealogie im Prinzip stärker seien als die von der Kind-Kind-Ebene stammenden. Wenn ich aber den Clinch ansehe, in dem manche geschwisterliche Paare sich befinden, zweifle ich wieder daran. Affekt*stärken* sind vermutlich individuell bestimmt.

Zwischenbefund: das Objekt hat große Schwierigkeiten, Konturen zu bekommen.

Vielleicht bekommt es welche in den folgenden Verliebungsweisen, den 'strategischen', auf die die Freudsche Begriffsbildung nur noch bedingt paßt.

*

Objektwahl ›mediale Frau‹. Objektwahl nach dem Typus der technischen Avanciertheit der Frau.

Künstler arbeiten mit *Medien* ... Geräten ... Materialien ... Stiften ... Schreibmaschinen ... Farben ... Kameras ... Computern ... Projektionsgeräten ... Tonband ... Notenschrift: sie arbeiten innerhalb bestimmter Aufzeichnungssysteme mit bestimmten Aufzeichnungstechniken.

Sehr oft verlieben sie sich in Frauen, die in einer besonderen Verbindung zu diesen Aufzeichnungsverfahren stehen. Oft heiraten sie diese Frauen. Im *Buch der Könige, Bd. 1*, habe ich eine Reihe solcher Verbindungen beschrieben. Ich nenne hier ein anderes Beispiel, die Heiratswahl einer den meisten von Ihnen bekannten oder nahestehenden Person, die Heirat Alfred Hitchcocks.

Alma Reville, die Alma Hitchcock wird, war Cutterin und Spezialistin für Drehbücher, die neben dem Kameramann wichtigste Person des Teams bei Hitchcocks ersten Filmen. Knapp 1,50 groß und halb so schwer wie er, war sie zunächst berühmter für ihre Arbeit am Film als Alfred. Sie gehörte zu den wenigen Cuttern, die im Kino der Zwanziger Jahre in den Filmtiteln genannt wurden, und figurierte in den Planungen von Michael Balcon, Hitchcocks erstem Studioboß, als Frau auf dem Sprung, selber zur Regisseurin zu avancieren. Bis 1929 schrieb sie noch gelegentlich Drehbücher für andere Filmemacher, dann arbeitete sie nur noch für ihren Mann. (Ihr geringerer Ehrgeiz, sagt der Biograph.)

Alma Reville ist nicht irgendeine, sondern *die* mit Film verbundenste Frau, die überhaupt zu finden war in England zur Zeit von Hitchcocks Anfängen beim Film, d. h. zur Zeit, in der Hitchcock die ökonomischen Grundlagen dessen schuf, was traditionell 'Heiratsfähigkeit' hieß (Beruf). Hitchcock wartete mit seinem Heiratsantrag, bis er in der Hierarchie des Studios ein bißchen über Alma stand. Das war der traditionelle Teil. Der moderne liegt in der Heirat einer Frau, die dem technischen Medium, in dem der Mann arbeitet, so verbunden ist wie nur möglich, und in einer Art des Heiratsantrags, die jeden Gedanken, er sei das Resultat einer Verliebtheit, kunstvoll vermeidet:

An dem Tag, an dem ich Alma einen Heiratsantrag machte, lag sie in der oberen Koje einer Schiffskabine. Das Schiff schlingerte ungeheuer, und Alma ging es schrecklich. Sie war seekrank. Wir fuhren von Deutschland nach London zurück. Alma war meine Untergebene. Ich konnte es nicht riskieren, mich besonders blumig auszudrücken, denn ich hatte Angst, daß Alma es in ihrem Zustand für eine Szene aus einem Filmdrehbuch halten würde, die ich mit ihr diskutieren wollte. So geschah es dann, und sie stöhnte, nickte mit dem Kopf und rülpste. Das war eine meiner größten Szenen – vielleicht ein bißchen schwach im Dialog, aber wunderbar inszeniert und nicht überspielt.

– eine Beschreibung, in der die Liebe als schwindelnmachendes Gefühl zwar vorkommt, aber in einer eher unfreudischen Verwandlungsform.

And suddenly I see you
Did I tell you I need you
Every single day of my life.

Entsprechend gibt es in diesem Jahrhundert serienweise Liebschaften oder Ehen von Regisseuren und Dramatikern mit Schauspielerinnen, Tänzerinnen, anderen Bühnenfrauen, von Komponisten mit Sängerinnen, Schriftstellern mit Schreibmaschinistinnen oder Psychoanalytikerinnen, Filmleuten mit

Schauspielerinnen, Cutterinnen, Schreiberinnen (Thea v. Harbou), Malern mit Modellen etc. *Mediale Frauen*: Schauspielerinnen / Tänzerinnen / Sängerinnen / Modelle sprechen, stellen dar, stellen aus, singen, tanzen auf Bühnen, Leinwänden, Podesten, was ihre erfindenden Männer für sie ausgedacht haben; sie sind so etwas wie Medien ihrer Männer auf Ebenen oder an Orten, wo deren Körper nicht hinreicht. Oder sie sind, wie Cutterin, Schreibmaschinistin, Psychoanalytikerin, direkt, technisch mit dem Aufzeichnungsmedium verbunden, in dem der Mann arbeitet, sind *Medienangestellte*, den Männern Teil der Apparatur, die sie zum Leben (zum Produzieren) brauchen.

Psychoanalytikerinnen gehören in diese Reihe durch die neue, *technisch* aufzeichnende (dem Telefon und dem Grammophon abgelauschte) Hörweise ihres Ohrs, die nicht nur für ihre Patienten, sondern auch für Wörter aufzeichnende Schriftstellermänner von höchster Anziehung war und ist (ein besonderer Typus der ›medialen Frauen‹).

Gottfried Benn heiratet 1938 von drei Frauen, mit denen er Liebe machte, diejenige, die Schreibmaschinistin war, und zwar, wie aus den Briefen hervorgeht, vor allem *weil* sie Schreibmaschinistin war (zur Empörung der beiden anderen, zweier Schauspielerinnen).

Schreibmaschinistin heißt nicht 'tippende Hilfskraft'; ich gehe hier nicht darauf ein, wie die Schreibmaschine selber als neues Aufschreibmedium das Schreiben des Schriftstellers verändert hat (wie seit Jahren die Computer); nur darauf, daß für Benn z. B., der 1938 Publikationsverbot hatte, eine schreibmaschineschreibende Frau auch so etwas wie die fehlende Druckinstanz war; das gleiche trifft für Brecht im Exil zu, dem die Schauspielerin und Schreibmaschinistin Grete Steffin als Geliebte verbunden war.

Nicht selten endet diese Art der Objektbeziehung mit dem Tod der beteiligten Frau, wie ich im *Orpheus und Eurydike-Buch* beschrieben habe.

Für *diesen* Zusammenhang ist die Tendenz zur Reihenbildung festzuhalten, die auch dieser Liebes- und Heiratsform anhaftet. In sehr vielen Fällen wechselt der Kunst-Mann die zugehörige mediale Frau, wenn es Richtungsänderungen, Umschaltzeiten in seiner künstlerischen Produktion gibt. Schreibt der Mann Gedichte aus der Position eines Tristan, dem man die Isolde nahm, findet er eine Wagner-Sängerin zur Geliebten; schreibt er ein Opernlibretto, ergibt sich ein Liebesverhältnis mit der Ehefrau eines Komponisten – die Namen der Akteure sind nicht wichtig; jeder, der sich im Umkreis seiner eigenen Kunstlieblinge umsieht, wird ähnliches finden – der Blitz der Liebe, der unvorhergesehen einschlägt, findet seltsam regelhafte Wege hier, das ist erstaunlich; das läßt geradezu zweifeln an seiner Blitzhaftigkeit.

'Nun ja, so wie andere ihre Sekretärin heiraten', werden Sie sagen, 'oder die herausragende Studentin aus dem Seminar'. Alltäglichkeiten, an denen man vorbeizugehen pflegt, gedankenlos wie an einer Schreibmaschine oder einem Schneidetisch. In der Tat sehr alltägliche Heiratsformen: die Sekretärin an ihrer Maschine *ist* die erste der medialen Frauen an diesem Gerät. Die technisch avancierte Frau im Geschäft geht ihrer Kollegin in der Kunstproduktion voraus. Das Drücken der Tasten als Startsignal einer Liebe hat von seiner Häufigkeit in beiden Bereichen nichts eingebüßt bis heute.

Spielen die Freudschen Objektwahlweisen hier hinein? Nun, nicht jede Cutterin heiratet und auch Regisseure haben Mütter. Alma Hitchcock war eine dominante Person (wie

Hitchcocks Mutter); sie hatte in der Ehe die sog. Hosen an und könnte auf Alfreds Mutter biographisch bezogen werden. Nur: für die Ausfüllung dieser Funktion wären auch einige 1000 andere Engländerinnen in Frage gekommen. Für die Position einer Ehefrau, die die Filme ihres Mannes schneidet und die Drehbücher auf ihre Qualität hin prüft, nur ein paar, vielleicht nur diese *Eine*. Das ist eine schöne Wendung, daß die *Einzige* der romantischen Liebe wenn schon, dann in einem Studio heranwächst: als Kind und Meisterin einer Technik sich zeigt.

Entzündet sich Liebe zunehmend an technischen Qualitäten / Ausrüstungen beim Liebespartner? Jetzige Jugendliche, die in erste Lieben fallen, scheinen zu antworten, ja: gute Übertragungsgeräte und -orte, transportierende Kleidung, der jeweilige Weltraumhaarschnitt & Fahrzeuge gehören zu einer Liebe wie die Geliebten selber. Wählen sie also wie 'die Alten', *ohne groß Liebe*, nur, daß sie freiwillig tun, was jene gezwungen taten? Wohl nicht. Die Teenage-Lieben sind etwas anderes als Objektwahl. Unmöglich zu entscheiden, ob das vorhandene Nebeneinander von Tanzstunden-/Discoberührungen / Angst vor Aids, von Single-Sein-Wollen und 'auf Distanz' mit dem gewaltsamen Grabschen nach 'dem Objekt', von 'Partnerwahl nach gemeinsamen Interessen' mit dem Weiterbestehen von Sexualitäten nach dem Bruder / Schwester-Typus, ob diese Mixtur, aufgekocht mit den TV-Modellkörpern und zugehörigen Drugs, die Objektwahlweisen entscheidend verändern wird, oder ob sich später andere, psychisch, sexuell, medial oder ökonomisch bedingte Liebeswahlen durchsetzen; das *Technische* also Zutat bliebe.

So sehr gewisse Züge der Anlehnung oder auch Positionen der Geschwisterreihe hineinspielen können: in ihrem Kern bietet die technische Objektwahl die Möglichkeit, einer Muttersexualität oder der familiären Schwesternsexualität zu entkommen, biographischen Codierungen also und Abgründen, wie sie zwischen einer fordernden Mutter Emma Hitchcock und einem sich windenden und Geschichten erfindenden Sohn Al durchaus vorhanden waren. Alma Reville-Hitchcocks Fertigkeiten liegen einige Schwingungen höher auf der Verwandlungsspirale eines Lebens in Kunst und in Techniken; dort reicht Alfreds Emma-Mutter nicht hin. Deshalb wird man 'Erklärungen' für die Art der Abgründe, die sich in Hitchcocks Filmen spannen, nicht finden auf der Ebene einer 'verschlingenden Muttersexualität'. Eher schon Hinweise auf ihre Struktur im Verhältnis Alma-Alfred.

Es war eine merkwürdige Ehe und eine bemerkenswert dauerhafte. Ihre Dauer könnte aus der Vermeidung einer Verwechslung stammen, an der die meisten dieser Verhältnisse leiden und gelitten haben. Der Mann dieser Konstellation hat in der Regel das Problem, zwischen Frauen und Medienangestellten nicht unterscheiden zu können, als wisse er nicht, *was* und *wen* er eigentlich liebe und *wie* er dies zu lieben habe.

Hitchcock war darin entschieden, wenn er (nach der obligaten Geburt einer einzigen Tochter, die so merkwürdig häufig ist in solchen Verbindungen) Sexualität als mit seiner Arbeit verbunden ansah, nicht mit dem Körper seiner Frau. Seine Art von 'Sport' sagte er, spiele sich oberhalb der Hüfte ab, genauer, oberhalb des Kragens. Eine gemeinsame Liebe zu gutem Essen und zum Herstellen guter Filme erwies sich für die Verbindung als dauerhaftes Band; Alma Hitchcock lebt noch; bis zu Alfreds letztem Film sah man sie bei den Dreharbeiten. Dies war eine der haltbarsten und vielleicht 'glücklichsten' Ehen dieses Jahrhunderts (im öffentlichen Raum). 'Erkauft' mit dem Verzicht auf die üblicheren Formen der Sexualität (oder ist das eine altmodische englische Variante auf eine Lebensform, die es in Wirklichkeit viel häufiger gibt?). Jedenfalls: keine Verwechslung der Sphären; Hitchcock wußte, was er an Alma 'liebte', und wußte auch seine Obsession mit bestimmten blonden Schauspielerinnen – ebenfalls nicht sexuell in einer der üblichen Formen – davon zu trennen. (Eine Obsession, die Alma nicht schätzte, aber dulden mußte, sagt Donald Spoto, Hitchcocks Biograph, aus dessen Buch *The Dark Side of Genius* diese Angaben stammen.)

Diese Liebeswahl folgt im Endeffekt Zwecken. Es liegt daher nahe, nach ihrem Anteil bewußter, strategischer Entscheidungen zu fragen: verkleiden sich diese bloß für den Moment der Werbung als Liebesaffekt? Schwer zu sagen. Die große Zielsicherheit, mit der 'das Objekt' aber gewählt wird bei der Objektwahl *mediale Frau*, läßt auf einen großen Anteil bewußter Akte schließen.

Die Nützlichkeit der Frauen für bestimmte Produktionen des Mannes bleibt jedenfalls nicht unbewußt. Die Sexualität dieser Beziehungen ist eine *Produktionssexualität*. Es gibt Arten der Objektwahl, bei denen die Produktionssexualität über den Ausbruch der Liebe entscheidet (und eine womögliche *Vermischung* miteinander unverträglicher Sexualitätsarten über ihr Ende).

All you need is eine besondere Balance zwischen verschiedenen Sexualitäten: Produktionssexualität, Sexualität der Körperberührung, Sexualität der Obsessionen mit 'geliebten Objekten der Ferne', weiteren. Die erste ist eine stark intellektualisierte Sexualität; in der zweiten können Anteile einer Liebe nach dem Anlehnungstyp befriedigt werden; in der dritten Züge einer 'narzißtischen' Wahl: lieben, was man selbst sein möchte nach dem Freudschen Typus c): z.B. große kühl/verführerische blonde Frauen, wenn man selber Mann, klein und dick, haarlos und wenig verführerisch ist (zu sein scheint).

Geschickte Männer, geübt im Unterscheiden der Sexualitätsarten, haben versucht, die verschiedenen Bedürfnisse durch Beziehungen zu verschiedenen Frauenarten zu befriedigen. Das scheint ein gesellschaftlich gangbarer Weg (er vermeidet die Betrugsszenerien, die peinlichen Verwechslungen der Personen und Lebensweisen; er vermeidet den *Tausch* – Austausch eines geliebten Objekts gegen ein anderes der *gleichen* Sexualitätsart –, der etwas Erniedrigendes und Selbsterniedrigendes hat und behält). Freud war, wie wir sehen werden, ganz gut in diesen Unterscheidungen.

Gefährlich wird es, wenn der Satz „ich liebe dich so" in der Sphäre der Produktionssexualität erscheint. Die verschiedenen Ordnungen des Sinnlichen sind durch Abgründe voneinander getrennt (sah Rilke); so auch die verschiedenen Ordnungen des Liebens. Wer in zweien anwesend zu sein sucht mit dem einen und selben *Körper*, den er/sie hat, spannt sich (sie) über Abgründe.* Das Spiel wird gespielt (von manchen *nur* dies; sein Affekt heißt *thrill of love* ... Abstürze vorgesehen).

* *den Abgrund zwischen einem Haus und dem nächsten etwa: sich in die Frau des Nachbarn verlieben, den Mann der Nachbarin; eine Zwangswahl, der Moses wie Luther eins ihrer knappen zehn Gebote vorzuschieben suchten. Sie ergab sich aus der geringen Auswahl anderer Liebespartner und -orte, wie der einladenden Überbrückbarkeit dieses Abgrunds. Heute eher eine Abart des Syndroms, haben zu müssen, was der Nachbar hat. Womöglich hat er das bessere Modell. Truffaut hat einen schrecklichen Film dazu gemacht, die Frau des Nachbarn (tödlich für alle).*

Objekt. Wählen, gewählt werden. Subjekt.

Selbstverständlich sind gerade Frauen, die nach dem Typus einer technischen Avanciertheit geliebt werden, nicht einfach 'Objekt' einer Wahl; sie sind ausgebildet, oft selbständig, selbstbewußt, keineswegs in der Position wartender Töchter, nicht darauf angewiesen, daß ein Jemand komme, sie aus dem Hades eines Vaterhauses zu holen. Selten ist der, der sich anschickt, sie zu wählen, ihre erste Liebschaft; sie haben, hatten, kennen Männer – was bewegt sie?

Dazu zwei Annahmen: sie wählen vermutlich stärker nach dem Anlehnungstypus als der beteiligte Mann, d.h. weniger strategisch; und sie werden, soweit sie strategisch, nach einem zu erwartenden Nutzen, gewählt werden und selber wählen, die Strategien des Mannes in der Verfolgung seiner Ziele zu einem gewissen, wahrscheinlich zu einem hohen, Grade teilen.

Die 'Anlehnung' ergibt sich aus der Tatsache, daß Töchter, die sich unverheiratet vom Elternhaus emanzipieren und selbständig werden, sehr oft (als die intelligenten, geförderten Töchter) in einer besonderen affektiv-intellektuellen Beziehung zum Vater der Familie gestanden haben und stehen. Es liegt nahe, daß sie sich mit Vorliebe in die ›überlegene‹ Intellektualität schöpferischer Männer verlieben; in Männer, die nicht verlangen, daß sie ihre Errungenschaften aufgeben; in Männer, deren Intellektualität ihrer eigenen ähnelt; in Männer, die nur verlangen, daß sie ihre Fähigkeiten in den Dienst der – „überlegenen" – Sache des Mannes stellen. Die Wahl hat etwas von einer Auserwähltheit und darin liegt vermutlich eine große Kraft der Bestechung. Ist es Dummheit oder Verkennung, die Geliebte *des Brecht* sein zu wollen, Verbindungen einzugehen, die das eigene Selbst fördern, die die Lebenslust erhöhen; Verbindungen, in denen die

Frau 1000 Dinge tut, die sie tun *will*; Verbindungen, die Liebesgefühle hervorbringen, an denen (zunächst) kein Stachel sitzt. Die Liebesaffekte (gemischt aus glücklicher 'Anlehnung' und den Erfahrungen der Erweiterung, der Gewißheit des Gebraucht- und Geliebtwerdens) sind vermutlich in diesen Verbindungen anfänglich so stark wie in wenigen anderen Lieben (fundierte *Subjekt*wahl).

Vielleicht würden sie (von Seiten der beteiligten Frauen) selten brechen, zumindest seltener als sie es tun: der erwähnte Zug der beteiligten Männer zur Reihenbildung (strategischer Wechsel des Liebesobjekts bei Richtungswechsel der eigenen Produktion) liefert die Sprengkraft.

Zweitens vielleicht die von Freud so genannte narzißtische Tendenz produktiver Frauen, eher geliebt werden zu wollen als 'selbst zu lieben': das würde heißen, der strategisch suchende Mann mit einer passenden 'medialen Frau' im Blick würde diese nicht an seine Produktion binden können einfach als Medienangestellte nur; 'Liebe' müßte im Spiel sein, sie für diese Aufgabe zu erringen (und so erzeugt – und wechselt – er beides: Medienangestellte *und* Geliebte). Mag aber auch sein, daß das ein Zug selbstbestätigenden männlichen Eroberertums ist, zu dem das 'Objekt' wenig oder kaum etwas beisteuert. Frauen werden das besser wissen.

*

Objektwahl in einer Institution (1). Alma Mater.

1924 verliebte sich an der Universität Marburg die 18jährige Philosophiestudentin Hannah Arendt in den etwa doppelt so alten Philosphieprofessor Martin Heidegger und jener sich in sie. Nach den Worten von Hannah Arendts Biographin Elisabeth Young-Bruehl *'gestand'* Heidegger der Geliebten gut zwanzig Jahre später, daß sie die Inspiration für seine Arbeit in diesen Jahren, der Impuls für sein leidenschaftliches Denken war.

Produkt des leidenschaftlichen Denkens war *Sein und Zeit*, Heideggers philosophisches Hauptwerk. Die Affäre war so geheim wie möglich; Heidegger war verheiratet, seine Frau Elfriede und die zwei Kinder der Ehe waren am Ort – aber ganz geheim zwischen Professor und Studentin ist nicht möglich. Das Strahlen der Geisteslieben ist nicht zu verbergen vor denen, die es sehen wollen oder müssen. Elfriede Heidegger begegnete der jungen Jüdin aus Königsberg, als sie ihres Mannes Neigung bemerkte, 'kühl'.

Am Wesen des Grundes (das ist, des Universitätswesens) verlieben sich Professoren & Doktorandinnen, besonders anfällig die strahlenden Erstsemester (und Anfälligkeit erregend): so klug, so anders, so jung, so sexuell (so gar nicht schwarzwälderisch wie die eigene Frau), so jüdisch lustig und schwermütig zugleich, diese Frau, halb so alt wie er und so wissend ... er war das nicht gewohnt, war hingerissen – hingerissen auch sie. Welche Studentin, 18 und bereit zu hören, offen für den Geist und Ton der Hallen und die männlichen Züge und Zungenzüge, würde widerstehen wollen, und sie wollte nicht widerstehen, wollte lieben, was sie hörte, und tat es.

Elfriede Heidegger war offen antisemitisch und offen Nazi 1925 schon. Sie lud Studenten ihres Mannes (berichtet Günther Stern, der sich später anders nannte: Günther Anders, von dem die schönen Bücher über die *Antiquiertheit des Menschen* stammen) ein, der nationalsozialistischen Studentengruppe Marburg beizutreten. Sie lud auch Stern, auf dessen Antwort, er sei anders, Jude, sie sich 'abgewandt' habe. Günther Stern wird ein paar Jahre später Hannah Arendts erster Ehemann.

'Sein und Zeit', gewonnen aus der Übertretung in ein Jenseits, in den Hades einer jüdisch-philosophischen Geliebten (das genaue Jenseits der eigenen Ehefrau) – auch Werke werden von Paaren gezeugt. Erlaubt die Werke, erwünscht. Verboten die Paare, oder verschwiegen. Hier noch mehr als anderswo 'trennen die Eltern sich'.

Heidegger hat nichts ändern wollen, nichts geändert sehen wollen an seiner Existenz durch die 'glühende Liebe dieser brillanten jungen Jüdin' (schreibt die Biographin), und weiter, daß im Sommer 1925 der Moment kam für Hannah Arendt, festzustellen, daß er ihr fremd bleiben würde, gleichgültig, wie tief sie einander verbunden waren.

Heidegger überwies die Arendt dem Heidelberger Freund Karl Jaspers zur Promotion, die sie bei ihm nicht gut mehr machen konnte. Sie promovierte bei Jaspers (der mit einer Jüdin verheiratet war und es blieb; Heidegger und er entzweiten sich bald) über den Liebesbegriff bei Augustin.

Als die starre Hingegebenheit an ein Einziges hat sie später ihre Marburger Heideggerverliebtheit erkannt und weitere, andere Pole aufgemacht. 'Hingegebenheit an ein Einziges' ist nie ungefährlich; besonders nicht, wenn 'das Einzige' ein Mann im akademischen Aufstiegsapparat ist.

Jaspers fand Heideggers Philosophie schließlich *ohne Liebe*, und Hannah Arendt befand: Der wesentliche Charakter dieses Selbst ist seine Selbstichkeit, seine radikale Abtrennung von allen, die seinesgleichen sind.*

* *Was ist Existenzphilosphie, S. 72.*

– was hatten sie denn an ihm gefunden? Das Strahlen des Lichts des Denkens – ohne Liebe? So täuschbar der philosophische Sinn? Oder institutioneller Zwang in staatlichen Einrichtungen des männlich-philosophischen Geistes (Staat im Staate) zwischen male couples und, nach Öffnung der Pforten für teilnehmende Frauen, auch zwischen heterosexuellen Paaren?

Als später die Macht in Heidegger eintrat und er sie wiederliebte, blieb Hannah Arendt ihm gegenüber 'loyal' (soweit man das als emigrierte Jüdin gegenüber einem NSDAP-Mitglied konnte; sie sagte nichts).

Man wird nicht falsch liegen, in Heideggers Beteiligung an Judenverweisungen aus der Universität auch ein Stückchen Wiedergutmachung an seiner Ehefrau zu sehen. Endlich ein verzeihendes Leuchten in den Augen Elfriede Heideggers –

Martin an der Spitze der Unitruppen, Stiefel (hochhackig), SA-Jackett, Hakenkreuzspaliere, schwingende Fahnen (Purgatorio) ... akademische Komödien von Bauernbuben, die es auf verwaiste Philosophiethrone trug.

Auch nach 'gewonnenem' Krieg (wie konnte er 'gewonnen' sein) keine Racheakte von Hannah Arendt, jetzt selber Professorin in den USA. Zu Gunsten des frühen großen Geliebten wollte sie annehmen, er habe nie jemanden denunziert.

Sie verfuhr nach dem Satz des anderen Lehrers, Karl Jaspers, daß man nicht '*nein*' sage zu einem Menschen, zu dem man einmal '*ja*' gesagt habe. Das ist auch schön und notwendig zur Erhaltung des eigenen schönen Selbst.

An Karl Jaspers schrieb sie allerdings, sie wünschte sich die ganze Generation – ihre – schon tot.

Hat es Gründe in der Art der Liebeswahl, die die beiden in den 20er Jahren verband, daß Hannah Arendt es auch nach dem Krieg vorzog, öffentlich Heidegger nicht anzugreifen? Vermutlich ja, denn dies ist eine Verbindung von einer gewissen Gegenseitigkeit: die junge Studentin wird in der Liebesbeziehung mit dem Professor erst Doktorandin, dann selber Philosophin. Ihre Liebeswahl galt dem, 'was sie selber hat werden wollen' (Freuds Typus der narzißtischen Liebeswahl c).) – und es gelang.

Heideggers Liebesübertretung mit der jüdischen Studentin galt ebenfalls etwas, das er werden bzw. erzeugen wollte: einem Werk, in dessen Grundfesten sie als Inspiratorin eingeht (nicht als Tote).

Eine Art Beiderseitigkeit auch in der Übertretung, die sich gegen eine bestehende Ehe richtet: der Jüdin Hannah Arendt ist der Antisemitismus von Heideggers Ehefrau bekannt; die intellektuelle Überlegenheit der Geliebten über die Ehefrau und ihre politische Überlegenheit ist so etwas wie ein süßes Verbindungsstück des 'Im-Recht-Seins' dieser Liaison, – diese beiden hätten doch viel eher zusammengehört als Heidegger mit seiner Elfriede – ruft es sozusagen aus dieser Geschichte. Und einen Nazi Heidegger hätte es dann auch nicht gegeben.

Das ist wahrscheinlich eine Täuschung, denn diese Art der Liebesverbindung trägt gar nicht die Königskinderzeichen; vielmehr deutlich die Tendenz zur Reihe in sich.

Doktorandinnen kommen und gehn, das liegt im Charakter der Universität; und solange diese patriarchalisch ist, ist der Doktorvater nicht nur Vater oder Mann, sondern oberster Pavian seiner Wissenschaftshorde. Es liegt in der Konstruktion der Institution, daß er auch als sexuelle Instanz erscheint und die auftauchenden Wissenschaftler-Frauen auch als Sexualobjekte der Wissenschaftsprimaten; diese Liebesweise ist, wenn nicht ein Diktat, dann ein Gebot der Institution wie die Liebesverbindung Chef-Sekretärin das Gebot ('die Verführung') einer andersgearteten Institution 'Büro' in der sog. 'freien Wirtschaft'. Sehr oft führt das Gebot zu Ehen, sehr viel öfter aber nicht, sondern zu Reihen. Nicht die Ehefrauen werden (jeweils) ausgetauscht, sondern eben Sekretärinnen. Auch Doktorandinnen kommen und gehn.* (Wie die Primanerinnen, in die Lehrer sich nicht verlieben dürfen aber *müssen*.)

Zu manchen Institutionen gehört es, daß sie bestimmte Objektwahlweisen *diktieren*, die zugehörigen Liebesberührungen aber unter Strafe stellen. Die Schule gehört dazu (auf Kirchen gehe ich hier nicht ein).

Blitzschlag. Blitzkriegsstrategien.
Objektwahl als Symptom.

In die Schauspielerin Marie Andersen hat der Schriftsteller Knut Hamsun sich, 48jährig, *auf der Stelle verliebt*. Sie suchte es ihm gleich zu tun. Sie sollte spielen in einem Hamsunstück. Hamsun war gerade in Oslo. Der Theaterdirektor ergriff Gelegenheiten und arrangierte ein Treffen im Theatercafé.

Hamsun überfiel SIE mit dem Ausruf, 'wie schön' sie sei … bewunderte ihre Hände … sie *verglichen* ihre Hände ('das bringt Unglück', sagte sie) … 'Engelshände', sagte er … und 'wie alt sind Sie' …

Am nächsten Tag 26 halb aufgesprungene Rosen. Hatte er Storm gelesen die ganze Nacht?

Das macht, es hat die Nachtigall / die ganze Nacht gesungen / da sind von ihrem süßen Schall, / da sind in Hall und Widerhall / die Rosen aufgesprungen.

Hamsun haßte Schauspieler(innen). Mit 48 auf den ersten

* *eine Untersuchung von Doktorandinnenselbstmorden wäre in diesem Zusammenhang angebracht, sagten mir Zuhörerinnen.*

Blick verliebt in die Angehörige einer 'feindlichen Rasse'? Die so häufige Liebe zum 'Gegenteil'? ... das immer Verdrängte schlägt zu in spontaner Objektwahl?

'Objektwahl' in der Tat: es hagelt Briefe, Vorschriften ... Blutstropfen ... Geständnisse der eigenen Verrücktheit. Warum 'DU'?

Hamsun hat im ersten Moment ihres Zusammentreffens – das läßt sich so klar sagen – entschieden, daß dies die Frau sei, nach der er (zu bestimmten Zwecken) auf der Suche war. Er hat im ersten Moment des Treffens in einer Frau, die eine bekannte Schauspielerin war und auf dem Sprung, 'die erste Schauspielerin' des norwegischen Nationaltheaters Oslo zu werden, zwei andere Frauen versteckt entdeckt: einmal seine erste unglückliche Jugendliebe, mit der er noch eine Rechnung offen hatte; dann die Züge einer Bäuerin, die es ihm ermöglichten, ein Stück des Daseins seiner verstorbenen Mutter, mit dem ebenfalls Rechnungen offenstanden, zu beleben. Drittens war sie tätig im Konkurrenzmedium 'Drama', während er auf dem Weg war, die Prosa, den Roman, zur führenden Kunstgattung in Norwegen zu machen; eine Geliebte, deren Körper einen solchen Umschwung mitvollzieht, ist nicht der schlechteste Beweis der eigenen Liebhaber- und Schriftstellerqualitäten.

Oder genügte es Hamsun, in den schwärmerischen Augen dieser großen Marie den Blick des Schulmädchens entdeckt zu haben, das verliebt gewesen war in Hamsuntexte ... eine *Leserin* ... ihm verbunden (von unter der Schulbank) auf immer und ewig ...

Was schafft den Blitz (der sich so schnell zum Blitzkrieg wandelt)?

Hamsun schafft in kurzer Zeit dreierlei: die Theaterschauspielerin in seiner Ehefrau vollkommen zu vernichten; zweitens eine Bäuerin aus ihr zu machen, sie drittens aus der Stadt Oslo in genau die ländliche Abgelegenheit am Polarkreis zu versetzen, die der Ort seiner ersten Jugendliebe war. In Marie Andersens Biographie gibt es Züge, die dem Leben dieser Jugendgeliebten aufs Haar gleichen. Hamsun *konnte* das nicht wissen im Moment des *Blicks*. Aber er hat es gesehen.

Er gewinnt aus dieser Konstellation das Schreiben eines Romans, für den er den Nobelpreis bekommt und während dessen Schreibens er sich vollkommen von seiner Frau und deren Kindern (er empfindet die Geburten als störende Konkurrenz) entfernt. Empfang des Stockholmer Preises und irreparabler Ruin der Ehe fallen zusammen. Diese Tür war nur für dich bestimmt, sagt der Türhüter … Du warst nur für diesen Roman, sagt der Hüter des gewonnenen Schatzes … Marie Andersen hatte strategisch ausgedient.

Ihr hatte zum Annehmen des Hamsunschen Antrages (man kann sagen: ebenfalls im ersten Moment) die Aussicht genügt, ihn zum 'König der Dichter' zu machen (das Wort fällt so in einem ihrer Briefe). Dazu fühlte sie sich in der Lage, und sie hatte Recht damit. Er wurde wirklich dieser König für alle (der er ihr schon unter der Schulbank war), sie aber nicht seine Königin, sondern nur eine Stufe zu diesem Thron. „Auf den ersten Blick –“

Can you see me baby?
I don't believe you can.

Ill-matched couples.
Objektwahl nach dem Typus des sicheren Findens des falschen Partners.

Viele Liebesweisen müssen ins Spiel gebracht werden, die Bauweise des 'Blitzes' zu beschreiben: Anlehnungstypus, Wahl nach der Psychoklasse, narzißtische Wahlweisen a), b) und c), Wahl nach der medialen Lage der Frau ... sie alle tragen bei zur Stärke der*Entzündung des Moments* ... sieht man sich den Verlauf solcher Lieben genauer an, bleibt aber die Feststellung, die so Gewählte war vor allem zu einem Gebrauch bestimmt, manchmal zu einem *Verbrauch* ... einem der gut angelegten Experimente mit tödlichem Ausgang.

... etwas funkt ... klinkt ein ... klickt ... rastet ... zwei tun sich zusammen ... ('warum gerade *die*', sagen die Freunde ... gerade *die* sind nicht gemacht, 'Zwei' zu werden) ... da *paßt* doch gar nichts. Jeder sieht, daß in dem 'Paar', das sich da gerade erzeugt, als wäre es das erste solche, *Liebe* nicht unter den Baumaterialien ist. (Jeder, außer ihm selbst.)

'Es gibt *überhaupt* nur falsche Paare', höre ich einen meiner Freunde sagen. (Und fühle mich erleichtert, das Paar, dessen Hälfte ich selber bin, halbwegs unter die eher unmöglichen Ausnahmen gereiht zu sehen).

Warum sind andauernd die 'falschen Leute' miteinander verbunden? Ist *Objektwahl* selber der Fehler? Eine Täuschungsform, Selbsttäuschungsform? Wozu bedarf es der Blitze, wenn es andern (und bald auch den Beteiligten) klar ist, daß es um Zwecke geht? Und bald nur noch ums Überleben. Ist es so, wie die Zyniker unter den Artisten sagen, daß 'die Frauen' nicht tun, was „der Mann" von ihnen will, wenn nicht 'Liebe' mit drin ist im Bouquet? Gestern abend wieder sagt es im Fernsehen der gute Philippe Noiret in einem Chabrolfilm.

Kommt der strategischen Werbung von Männern, der es gelingt, als glühender Affekt zu erscheinen, bei Frauen, die sich tatsächlich dazu eignen, den diversen strategischen Wünschen des Mannes zu genügen, ein Affekt entgegen, der aus Selbstdestruktions- und Selbstbestrafungslust stammt?

Der Bereitschaft zu Selbstdestruktion und Selbstbestrafung liegen frühere Ereignisse zu Grunde, die im Körper gespeichert sind, nicht aber im Bewußtsein oder der 'Erinnerung'; Traumata, die verlangen, ausagiert zu werden; die ihre Geschichte nicht anders erzählen können, als in wieder-holenden Akten; unbewußte Schuldgefühle sind *der Speicher* im Körper für das, was ein anderer ihm tat.

Müssen eine Strategie und eine Schuld zusammenstoßen, daß ein Blitz herausfährt, der im Moment seines Einschlags für Sekunden das Feld eines vergangenen 'Verbotenen' erhellt, in dem die Umrisse zukünftiger Untaten ebenso kurz aufscheinen, ehe sich die Beteiligten, vom Schlag getroffen, in die Arme sinken und sich dem Schicksal (d.i.: einem Plan und einer Selbstzerstörungs'lust') überlassen?

SIE erscheint sich in der Lage, den speziellen Ansprüchen dieses Herrn zu genügen; vielleicht als *Einzige* ihnen genügen zu können. Ein starker narzißtischer Affektschub: „ich *bin* die Prinzessin, die aus diesem Mann den König machen kann", wäre beteiligt; der Weg in die Selbstschädigung überdeckt von einem starken narzißtischen Krankheitsgewinn. Die Wahl selber: ein Symptom dieser Krankheit.

Auf der einen Seite *Absichten*; auf der anderen will jemand eine Geschichte zum Vorschein bringen, die er/sie selbst nicht *kennt*; das ist bekannt guter Boden für freudianisierte Polizisten. Den Satz, der es kühl beschreibt, finde ich in einem amerikanischen Kriminalroman. 'It wasn't the first ill-matched couple I'd ever met' ... nicht das erste krank verbundene Paar, das ich je gesehen habe, sagt V. I. Warshawski, Privatdetektivin in Sarah Paretskys *Burn Marks* zu sich selbst angesichts eines Paars (diesmal sind es zwei falsch verbundene Männer), dessen einer Teil ihr übel mitspielen wollte; aber, schräg wie die Dinge liegen, es wird sich herausstellen als lebensrettender Akt.

Vielleicht ist das ein gar nicht seltener Zug der Objektwahl nach dem Typus des sicheren Findens des falschen Partners. Wer dunkle Geschichte(n) mit sich herumträgt, wird sie nicht lösen können in leichten Lieben. *Love* ist hier gar nicht *all you need*; gebraucht wird ein Doktor, Geschichts-, Geschichtendoktor.

Warum halten *ill-matched couples* so gut zusammen? Weil der 'falsche Partner' genau der richtige ist zur Belebung unerledigter Körpergeschichte, zum Einstieg in Wiederholungen, Begleichung alter Rechnungen, in den Blitz der Blackouts.

In einem seiner *Beiträge zur Psychologie des Liebeslebens* teilt Freud (ausgehend von Hebbels *Judith*) die Beobachtung mit, daß manche Frauen sich von ihren ungeliebten Männern deswegen nicht trennen können, weil sie ihre Rache an ihnen (in diesem Fall für die Zerstörung der Virginität der Frau) nicht *vollendet* haben.

Manche *Frauen*? Der vollen Objektliebe nicht fähig, reicht es ihnen doch zur Durchführung voller Racheakte (Köpfen; Kastration) bei gekränkter Liebe? Der Freudsche Gedanke stünde glänzender da, wenn er auf beide Geschlechter bezogen und von dieser Virginitätsidee losgelöst wäre. Eintauchen in ungelöste Geschichte durch Clinch, Obsessionen und mordversuchähnlichen Gebrauch des Liebesobjekts sind bestimmt *kein* weibliches Privileg.

Die Paare spielen auf dem Grat, ob im Liebenden des Blitzes oder der dunklen Verschlingung der Arzt erscheinen wird oder der Bulle, der Killer oder sonstwer. In Hitchcocks *Vertigo* ist es der Bulle, der im Liebenden erscheint. Das ist auch spannender. Im Leben, das langweiliger ist, gebiert der Blitz vielleicht auch Figuren, die nicht Dr. Strangelove heißen.

*

Objektwahl 'Die Taube auf dem Dach' (ist besser als 10 Spatzen in der Hand). Aufstiegsheiraten, Liebe zur Tochter des Chefs, Kolonialstrategien.

Männer on their way up verlieben sich gern in die Töchter von Männern, die gesellschaftlich über ihnen sind. Wenn die Tochter einem Mann zugehört, dessen gesellschaftliche Lage diejenige ist, die der *Mann im Aufstieg* erreichen möchte, droht *Objektwahl* und Heirat. Gesellschaftlicher Aufstieg dokumentiert sich im Erwerb einer Frau aus der erreichten oder zu erreichenden gesellschaftlichen Schicht. Objektwahl nach dem Typus: Heirat der Tochter des Chefs, des politischen Führers, des Geldgebers, des Bosses, des *Leaders of the Pack*.

Der werdende französische Arzt (später Schriftsteller) Louis-Ferdinand Céline (arm), heiratet die Tochter eines Arztes (nicht so arm), der Chef einer Privatklinik ist. Er avanciert durch diese Heirat (Chefvertretung) zum designierten Nachfolger des Professors / Klinikchefs. Dies Ziel vor Augen, Examina abgelegt, die Taube in der Hand (und Vater einer Tochter geworden), merkt er, daß er etwas anderes sein und werden möchte als Chefmediziner, und trennt sich von seiner Frau.

Später, als er sein Leben vor allem der Auflösung der französischen Grammatik widmet ... dem Tanz der Worte ... und dabei mit Vorliebe dem Schweben von Ballettänzerinnen zusieht (das seine Schreibziele so schön enthält), heiratet er eine Tänzerin. (Die Ehe dauerte, bis daß der Tod sie schied ... Lucette Destouches verwaltet seinen Nachlaß bis jetzt.)

Dazwischen gab es mehrere Anträge, Heirats*versuche* mit jüdischen Frauen, die *auch* damit zu tun haben, daß Céline in den zwanziger Jahren eine bestimmte Schicht intelligenter und wohlhabender Juden für allein befähigt hielt, die Welt politisch in Ordnung zu bringen, und einige jüdische (aus Deutschland vertriebene) Frauen für allein befähigt, dasselbe mit seinem Verstand zu tun. 'Ich bin Ihnen sehr dankbar, daß Sie mich mit Annie Reich bekannt gemacht haben. Sie ist genauso nett wie meine anderen Freundinnen aus Mitteleuropa, und das will viel sagen. Sie hat mir tausend ungemein nützliche Dinge erzählt und hat mich in einigen Tagen fast intelligent gemacht.' (Céline im Juli 1933 an Cillie Pam. Annie Reich und Wilhelm Reich trennen sich gerade. Eine der 'anderen Freundinnen' ist Annie Angel, Psychoanalytikerin, Mitglied der Sozialistischen Gesellschaft für Sexualberatung und Sozialforschung in Berlin.) Célines Versuche, *Jude zu werden*, wie man zugespitzt formulieren kann, mißlangen. Er wurde ein *glühender* Antisemit (aus diesem und anderen Gründen). (Wie manche Männer der letzten Jahre, die sich lange und vergeblich bemüht haben, *Frau zu werden*, nicht mehr unbedingt im Verein der Freunde des Feminismus anzutreffen sind.)

Seltsame Wege des Liebens, einer seltsamen Logik folgend. Die Liebe entzündet sich an Frauen, die wie ein Unterpfand der gesellschaftlichen Positionen sind, die der Mann erreichen möchte, an Klassenzugehörigkeiten, Rassenzugehörigkeiten, Produktionsmöglichkeiten. Die Biographien von Politikern sind voll von Ehen des aufsteigenden jungen Mannes mit Töchtern einflußreicher Parteiführer (und mit Liebesverhältnissen zu Frauen einer ausgestellten Öffentlichkeit; drei Tänzerinnen/Sängerinnen/Schauspielerinnen etwa bei Winston Churchill). Zu Frauen, die sich an Bezugspunkten des eigenen Lebensplans befinden, entsteht Liebe. Der Filmemacher François Truffaut heiratete die Tochter eines Produzenten. Bob Dylan ist auf dem Cover von *Bringing It All Back Home* mit Sally Grossman, der Frau seines Managers, am Kamin (= Home) zu sehen; er heiratet deren Freundin Sarah Lowndes.

Varianten: Arbeitersöhne, die im Anlauf auf Uni- oder Staatskarrieren Beamtentöchter heiraten; Kleinbeamtensöhne, die sich auf dem Weg der eigenen Emanzipation vom Staatseigentum zur Selbständigkeit in die Töchter von Kaufleuten oder Anwälten verlieben. Lehrlinge, die zum Sozialarbeiter aufsteigen via Fachhochschule, verbunden mit einer engagierten Studentin. Aufstieg in Handwerksunternehmen, mittelständischen Industrieunternehmen ... hier ist es die Tochter des Chefs. Kolonialistisch: die Zwangsverliebtheit in die Frau oder Tochter des *weißen Herrn*.

Anders herum heiraten kolonialisierende Männer gern die Tochter oder Schwester des eingeborenen Häuptlings. Nicht nur in Südseeromanen oder als Liebe zu Winnetous Schwester, nicht nur in Joseph Conrads *Lord Jim*, nicht nur als Männerphantasie: diese Ehe ist immer konkreter Bestandteil kolonialistischer Politik gewesen. Von Cortez an sind Häuptlingstöchter von Ureinwohnern durch Ehen oder eheähnliche Verhältnisse an den weißen Eroberer gebunden worden. Cortez heiratet die

Tochter Montezumas. Die Tochter eines anderen Häuptlings, Dona Marina, ist seine Geliebte und Dolmetscherin. Er verheiratet sie später mit einem seiner Hauptleute. Für Nordamerika ist es die Häuptlingstochter Pocahontas, die mit ihrer Verbindung zum Hauptmann der Weißen, John Smith, und späterer Ehe mit dem Pflanzer John Rolfe, den weißen Besatzern mehrfach das Überleben sichert. Sie lernt die Sprache, dann die Religion des Eroberers, der dadurch aufzuhören scheint, Eroberer zu sein, nun aber erst unbehelligt (d. h. ohne sein Leben zu verlieren) sein Werk auf ein tragbares Fundament (in dem diese Frau als Tote später liegt) stellen kann.

Sobald die neue Schicht, das 'neue Land' tatsächlich erreicht sind, macht der aufsteigende/erobernde Mann eine merkwürdige, aber ganz selbstverständliche Entdeckung: es gibt mehrere dieser 'Einzigen', vielleicht sogar viele, die mit einem Schlag in den Bereich prinzipieller Erreichbarkeit gelangen. Die 'Einzige', die er geheiratet hat, bricht unter dieser Wahrnehmung schnell zusammen. Man könnte das als einen *Objektzerfall* nach dem Erreichen strategischer Ziele bezeichnen (auch hier ist die Treppenstufe, die den Grundstein zur möglichen *Reihenbildung* legt, gut zu sehen).

Trennung von diesen Töchtern ist oft aus Koalitionsrücksichten nicht möglich. Sie werden als Repräsentantinnen des erreichten Status und einer gesellschaftlich-väterlichen Macht beibehalten (und in dieser Rolle vielleicht auch geschätzt), aber die Affekte des Mannes gehen und wenden sich zu anderen Objektwahlweisen.

Was *liebt Narziß, wenn er* sich *liebt?*

Die narzißtische Wahlart c), lieben, was man selbst sein möchte, bietet sich zur Beschreibung der Objektwahl nach Aufstiegsstrategien an, wenn man sie ein bißchen modifiziert: das Objekt lieben/heiraten, das einem dazu verhilft, der zu werden, der man sein/werden will.

Man könnte sagen, das sei mehr eine Art Liebe zu sich selbst als zum gewählten Objekt. Die taktisch-strategisch-männerstaatlichen Züge, die sich in dieser Wahlart manifestieren, sind damit aber nicht bezeichnet. Berücksichtigt man beide Züge, kommt man zur Wahrnehmung eines *strategisch sehr versierten Narzißmus*, – eine verführerische Mischform aus Absichten und Affekten.

Welcher Art ist die Gefühlsmischung beim beteiligten Mann? Ich glaube nicht, daß er 'Verliebtheit' spielt. Ich glaube auch nicht, daß die betreffenden Töchter sich davon würden täuschen lassen.

Es muß sich um eine besondere Affektmischung handeln, die sich in Gang setzt im Moment, in dem ein bestimmtes weibliches Objekt als 'passende Geliebte' (als sensationell passende Geliebte) im männlichen Strategieplan erscheint: die merkwürdige Fähigkeit, sich (vor der Umworbenen und sich selbst) in den Zustand 'außerordentliche Verliebtheit' zu versetzen, die es schafft, tatsächlich als 'Liebe' zu erscheinen.

Die Umworbenen dieser Wahlart zeigen eine erstaunlich herabgeminderte Widerstandskraft gegen sie. Man kann auch sagen, sie zeigen eine merkwürdige Bereitschaft, auf eine Werbung einzugehen, die mit Schmeicheleien, Übertreibungen, Tricks arbeitet und was sonst ins Repertoire gehört.

Was liebt der Mann *an sich selbst*, das ihn zum erfolgreich

Begehrenden macht? Die Antwort ist wohl: er liebt sich für seine Fähigkeit, das Ziel, das er ins Auge gefaßt hat, auch zu erreichen. Die Selbstverliebtheit („Selbstsicherheit“) strahlt von ihm aus als eine Art Kraft und macht ihn 'attraktiv'. Die Liebe zur Fähigkeit, die eigenen Verfahren zu lieben, ist so groß, daß sie die Menschen, die zur Erreichung der geliebten Ziele gebraucht werden, ohne weiteres einschließt. Die 'Verliebtheit' der betreffenden Frauen wäre eine Art Anschluß an die Kraft der Selbstverliebtheit des strahlenden Strategen (so wie die DDR den Kohl-Mann jetzt angeblich oder wirklich liebt).

Diese Art Liebe hat eine ungeheure (gesellschaftlich gestützte) männliche Selbstüberschätzung und die gesellschaftliche wie persönliche Schwäche der Frauen zur Voraussetzung. Beide scheinen nicht besonders im Verschwinden zu sein.

Die ungetrübte Verliebtheit jedes beliebigen männlichen Arschgesichts in sich selber ist eins der momentanen Kapitalverbrechen vor der Geschichte (Lothar Matthäus for president).

Das *Liebes*objekt ist weiter nicht sehr gut zu sehn.

Die aktuelle Rede von Frauen, die es satt haben, idealisiert zu werden und dann für etwas benutzt, besteht darauf, zu sagen, Frauen seien nicht *besser* als Männer, nur *anders*. Besser vielleicht nicht, aber bestimmt nur halb so übel (wenigstens in der Selbstbestrahlungsliebe, der männlichen Form, mit der Welt 'auf Du' zu sein).

***

I look at you all
See the love there that's sleeping
While my guitar gently weeps.

II. Bruchstück einer Freudbiographie

Freuds Wahl

Am Anfang war –? Die Süße: Martha ist mein, das süße Mädchen, von dem alle mir mit Verehrung sprechen, das beim ersten Zusammensein trotz allen Sträubens meinen Sinn gefangennahm –

– das 'erste Zusammensein' liegt zwei Monate zurück. Es ist Juni 1882, Martha Bernays und Sigmund Freud sind frisch verlobt, aber getrennt; die Post geht zwischen Wien und Wandsbek bei Hamburg. Dies ist der erste Brief des Verlobten, 19. Juni 1882, eineinhalbtausend weitere werden folgen bis zum Abschluß des Vorgangs 'Objektwahl' im Jahr 1886.

Am Anfang war – ein Sträuben? Ein Sträuben, ein Blitz, eine Gefangennahme.

Eine zufällige Bekanntschaft mit den 5 Schwestern Freuds führte die Braut ins Haus des Bräutigams, wo Sigmund und Martha einander zum ersten Mal begegneten, sagt Ernst Freud, 10 Jahre nach diesem Ereignis geborenes 4. Kind und jüngster Sohn der beiden in seinem Vorwort zur Ausgabe der Briefe.

Objekt*findung* nach dem Typus 'Freundin der Schwester' ist im Spiel, dann 'Blitz', aus dem inzwischen, zwei Monate später, ein Besitz geworden ist: Martha ist mein, das süße Mädchen –

Und mehr. Freuds Satz aus dem ersten *Brautbrief* geht weiter (bezogen auf 'das süße Mädchen'), um das ich zu werben mich fürchtete, und das im hochsinnigen Vertrauen mir entgegenkam, den Glauben an meinen eigenen Wert mir erhöht und neue Hoffnung und Arbeitskraft mir geschenkt hat, als ich ihrer am dringendsten bedurfte.

– 'um das ich zu werben mich fürchtete' und die Erhöhung des Glaubens an den eigenen Wert lassen darauf schließen, daß eine (gesellschaftlich) höherstehende Braut umworben wird. Ihr erstes Geschenk, das sie in die Liaison eingebracht hat, ist die Steigerung der Arbeitskraft des Geliebten (etwas, dessen er dringend bedurfte, sagt er).

Die Formen Aufstiegsheirat ... Objektwahl als Symptom ('Blitz') ... Wahl der Freundin einer Schwester ... Wahl nach einem Nutzen der Braut für die Arbeitskraft des Mannes ... sind berührt; das läßt ein Wort in Ernst Freuds Beschreibung in einem merkwürdigen Licht erscheinen, das Wörtchen *zufällig* vor dem Wort Bekanntschaft.

Zufall ist sehr wahrscheinlich nicht die Mutter der Anlehnung in solch einem Fall.

Ein junger Wissenschaftler in Wien, Neurologe, Assistent am Physiologischen Institut, 26 Jahre alt, sehr begabt, auf dem Weg zu Professur oder Privatpraxis, einer armen (und etwas gaunerhaften) ostjüdischen Händlerfamilie entstammend, auf der Kippe zwischen jüdischer Orthodoxie und Assimilation ans westlich-naturwissenschaftliche (= atheistische) Universitätswesen, denkt um 1880 ans Heiraten: – wie müßte seine Modellfrau aussehen? Tochter eines Mediziners oder andere Professorentochter aus jüdischer, westlich-assimilierter Familie müßte sie sein und die Familie vermögender, als die eigene es war. Oder?

Freuds Wahl liegt nicht weit ab davon. Martha Bernays, schreibt Ernst Freud, entstammt einer nicht unbedeutenden Familie aus Wandsbek bei Hamburg. Ihr Großvater Isaac (Chacham) Bernays war ein hervorragender Rabbiner der Stadt Hamburg. Die beiden Brüder ihres Vaters sind bedeutende Figuren in der Kulturgeschichte Deutschlands.

Es handelt sich um zwei Professoren. Der eine, Michael Bernays, war bedeutender Goethe- und Shakespeareforscher, Professor für neuere deutsche Literaturgeschichte an der Universität München und zeitweise Vorleser für König Ludwig II. von Bayern; der andere, Jacob Bernays, war Professor für klassische Philologie an der Universität Bonn. Marthas Vater lebt nicht mehr, als sie mit Freud zusammentrifft; er war nicht Professor, sondern Kaufmann wie Freuds Vater; ein besser situierter, ein westlich assimilierter und ein weniger zwielichtiger Kaufmann als Freuds Vater: Berman Bernays, in den letzten Lebensjahren Assistent des Wiener Wirtschaftswissenschaftlers Lorenz v. Stein. Auch der eine Onkel, Professor Jacob Bernays, lebt nicht mehr. Er starb ein Jahr vor der Verlobung. Der andere Onkel, Michael Bernays, (er hat sich als einziger der drei Brüder vom jüdischen Glauben abgewandt) lebt und fungiert für das Paar, zusammen mit Marthas Bruder Eli, der nach dem Tod des Vaters für den Unterhalt der Familie sorgt (und bald Freuds Schwester Anna heiratet), an Schwiegervaterstelle. Freud verliebt sich also wenn nicht in eine Tochter-aus-Professorenhand, dann doch in eine mit zwei Professorenonkeln codierte Nichte ... Tochter aus dem Bereich dessen, was er selber werden möchte, und Tochter genau der Art Familie, in die er selber aufsteigen/konvertieren will, fort vom galizisch-orthodoxen Kleinhändlertum der eigenen.

All das könnte noch Ernst Freuds 'Zufall' folgen oder Wegen des Wahrscheinlichkeitsprinzips. Die Bedeutung der Konstellationen für Freuds Liebesaffekt wäre vollkommen unbeweisbar, hätten wir nicht Freuds eigenes Spiel mit dieser Konstellation; und dies birgt Überraschungen der besonderen Art.

Die Onkel waren nämlich besondere Professoren. Goethe- und Shakespeare-Spezialist der eine; klassischer Philologe, Aristoteles-Spezialist der andere – keine Medizinprofessoren, aber Freud wollte ja auch nicht simpler Medizinprofessor werden, sondern –: etwas, wofür diese beiden Onkel stehen.

Onkel Jacob Bernays hatte sich besonders mit dem aristotelischen Konzept der Katharsis beschäftigt, Veröffentlichungen zwischen 1852 und 1880. Freuds Biograph Sulloway bemerkt dazu:

In Wien wie andernorts wurde dieses Thema unter Gelehrten und in den Salons heftig diskutiert, es scheint zeitweilig die Ausmaße einer regelrechten Mode angenommen zu haben. Laut Hirschmüller hatten Bernays' Ideen bis 1880 einige siebzig deutschsprachige Veröffentlichungen zum Katharsis-Problem auf den Plan gerufen, eine Zahl, die sich bis 1890 noch mehr als verdoppelte.

Lesern des frühen Freud läutet das natürlich Glocken: '*kathartische Methode*' ist die erste Bezeichnung, die Freud dem gegeben hat, was später das psychoanalytische Verfahren heißt. Der Begriff stammt aus den *Studien über Hysterie* (1895), er ist entwickelt in der Beschreibung der Behandlung der Anna O., die das 'kathartische Verfahren' der Analyse selber *chimney sweeping* nannte, eine saloppe Formulierung, 'den Kamin fegen', für das, was auch Katharsis sagt – Sulloway folgert: Es ist durchaus möglich, daß ein intelligentes Mädchen wie Anna O. mit dem ganzen Komplex vertraut geworden sein kann und diese

Kenntnis unbewußt dem dramatischen Kern ihrer Krankheit einverleibt haben könnte (Sulloway, S. 98) –, wogegen höchstens einzuwenden wäre, daß die Neigung psychoanalytischer Autoren, das Wissen und die Verfahrensweise 'intelligenter Mädchen' dem 'Unbewußten' zuzuschreiben, etwas Unausrottbares hat. Käme also, laut Sulloway, *kathartische Methode* bei der intelligenten Anna O., das ist Bertha Pappenheim, eine Freundin Marthas, direkt (wenn auch unbewußt) von Marthas Onkel Jacob her, dann muß für Freud, der die Arbeiten des Onkels nicht nur unbewußt kannte, gesagt werden, daß er sich, zusammen mit Breuer, entschloß, seine Veröffentlichung 1895 publizistisch u. a. auf diesen Onkel zu beziehen, als Erbe des Katharsis-Spezialisten Jacob Bernays und Ehemann von dessen Nichte Martha in dieser besonderen Genealogie vor die Öffentlichkeit zu treten.*

Nach 1895 löst sich Freuds Zusammenarbeit mit Breuer ebenso auf wie die Hoffnung, die *talking cure – Katharsis* zur *Psychoanalyse* zu emanzipieren. (Freud entdeckt statt dessen den sexuellen Mißbrauch von Töchtern am Grunde der Hysterien: eine Wahrheit; der Entwicklung der Psychoanalyse aber hinderlich.)

* *Freuds eigene Geschichte mit Aristoteles kommt hinzu. 'Von den Mitteln/ Medien, welche Dichter in Liebesdingen anzuwenden pflegen', heißt ein Text Freuds, den er, angelehnt an Aristoteles, acht Jahre vor der Verlobung mit Martha als Student des Aristoteles-Spezialisten Franz Brentano in Wien geschrieben hat. ('De mediis, quibus in amoribus efficiendis utuntur poetae'). Die Aristotelisierung durch Brentano brachte Freud 1874 dazu, zwischen dem Dr. med. und dem Dr. phil. kräftig zu schwanken. Der (immer gewünschte) Doppel-Doktor wird zu neuem Leben erweckt durch die aristoteles-verbundene Braut, die in all das und weiteres erst in den Briefen der folgenden Jahre eingeweiht wird.*

Als er 1897 daran geht, die Traumdeutung zum 'Königsweg ins Unbewußte' zu erheben und ins Zentrum des analytischen Verfahrens zu rücken, zeigt er sich mit Marthas anderem Onkel, dem Goethe/Shakespeare-Bernays verbunden, indem er die Beschreibung des Durchbruchs zum Verfahren *Traumdeutung* mit Textbezügen auf Goethe und Shakespeare nur so pflastert. Im Oktober 1897 streiten sich in Freuds Schreiben Hamlet und Ödipus noch um die Position der Zentralfigur des psychoanalytischen Szenarios. Und die Bedeutung der Träume als Geschichts-Speicher beschreibt Freud mit drei Zeilen aus einem Goethe-Gedicht.*

Der Bezug auf die Arbeiten der Bernays-Professoren Jacob und Michael ist deutlicher Bestandteil Freudscher Publikationen und Freudschen Schreibens bis 1899. Zufall? Spiel? Verbeugungen vor Martha? Beweis, in die 'neue Familie' tatsächlich hineinzugehören? Wie könnte man dies besser unterstreichen, als durch die Verkoppelung der eigenen Arbeit mit derjenigen der berühmten Onkel. Freud ist, wie alle Gründerheroen, damit beschäftigt, sich selber eine neue Geschichte zu geben; sich noch einmal selbst zu erzeugen, anders als die leiblichen Eltern das taten. Die zur Heirat gewählte Frau ist *immer* von besonderer Bedeutung für diese Umarbeitung der Herkunft und Geschichte des Mannes durch ihn selbst: sie führt in andere geschichtliche Welten; soll in solche führen. Diese scheint sehr gut geeignet, einen besonderen Part dabei zu spielen. Welchen Part persönlich, hat Freud ihr mitgeteilt in einem Brief gerade vier Wochen nach der Verlobung; ein *Programm* für Martha.

* *vgl. die Briefe an Wilhelm Fließ vom September und Oktober 1897.*

Hamburg, Juli 1882. Freud stolpert auf der Suche nach einem Drucker für Briefpapier, das ein persönliches Monogramm tragen soll, über die Spur eines weiteren Bernays, Marthas Großvater Isaac; ein Geschenk der Vorsehung (oder Ergebnis gewitzter Recherche), aus dem Freud, in einem Schreiben an Martha, datiert 23. Juli 1882, meisterlichen Nutzen schlägt. Es ist ein Brief und es ist kein Brief. Der Text spricht, wie später oft, wenn Freud eine seiner Fall-Novellen ausbreiten will, aus einer literarischen Pose. Er richtet sich nicht an *Mein liebes Mädchen* und *Du*, wie sonst die Briefe, er hat weder Anrede noch Unterschrift, sondern spricht von Martha, Figur einer Erzählung, in der dritten Person. Martha, literarisiert, liest dies:

Mein Mädchen war aus einer Gelehrtenfamilie, und schriftstellerte – zunächst nur Briefe – mit unermüdlicher Hand und verbrauchte ihr kleines Geld für Briefpapier. Ich brauchte also Briefpapier für das liebe fleißige Kind und wählte solches, auf dem sie nur mir schreiben konnte. Ein M und S innig verschlungen, wie dies nur die Großherzigkeit der Graveure verstattet, machten jeden Bogen für jeden anderen Verkehr als zwischen Marthchen und mir untauglich. Der Mann, bei dem ich dieses despotische Papier am Freitag bestellte, wollte es erst am Sonntag liefern; denn am Sonnabend sagte er, sind wir nicht hier. Es ist so eine alte Sitte bei uns. Oh, ich kenne die alte Sitte. –

– Martha werde mal, wie ihre gelehrten Onkel, vom Briefeschreiben zur Schriftstellerei gelangen und diese M&S-Briefpapiere seien als Übungsbögen dafür anzusehen (so wie er selbst in diesem Brief sich ein weiteres Mal übe als Schriftsteller); nach diesem ersten Teil des Programms Hoffnung leitet der Text auf die Figur des alten Graveurs über, der Freud mit jüdischen Weisheiten füttert, die Freud in aktuellere Weisheiten übersetzt, durchflochten von Liebesbriefwendungen: Jerusalem ist zerstört und Marthchen und ich leben und sind glücklich –, die in Geschichtsphilosophie gewendet werden: – wenn Jerusalem nicht zerstört worden wäre, wären wir Juden untergegangen wie so viele Völker vor uns und nach uns. Erst nach dem Zerfall des sichtbaren Tempels sei der unsichtbare Bau des Judentums möglich geworden. Nach diesen Einleitungsspiralen der Kern der Erzählung, ihr 'unerhörtes Ereignis'; der Bericht des Alten:

Wir verdanken unsere Erziehung *einem* Mann. In früheren Jahren waren Hamburg und Altona eine jüdische Gemeinde, später trennten sie sich; der Unterricht wurde von untergeordneten Lehrern besorgt, bis die Reform in Deutschland kam. Da sah man ein, daß man etwas tun müsse, und berief einen gewissen Bernays, den man zum 'Chacham' machte. Der Mann hat uns alle gebildet. Er wollte von seinen Leistungen sprechen, aber mich interessierte der Mann zunächst. War er ein Hamburger? Nein, er ist aus Würzburg gekommen, Napoleon I. hat ihn dort studieren lassen. (O sagenbildende Kraft der Völker!) (O sagenbildende Kraft des Freud beim Neubau seiner Geschichte!) Er kam als ganz junger Mann hierher, vor dreißig Jahren hat er hier noch gelebt. Haben Sie seine Familie gekannt? 'Ich bin ja mit den Söhnen aufgewachsen.' Ich erinnerte mich jetzt an zwei Namen, Michael Bernays in München, Jacob Bernays in Bonn. Das sind sie, bestätigte er, es war noch ein dritter Sohn, der hat in Wien gelebt und ist dort gestorben. Ich wußte auch von diesem dritten etwas, dessen Name so hinter den Brüdern in den Hintergrund trat. (– Berman Bernays, Marthas Vater, dessen Namen Freud in seiner Erzählung ebenfalls nicht nennt.) Das reiche Wesen des Vaters hatte sich in den Söhnen geteilt. Der Vater war Sprachforscher, Schriftausleger und hatte bedeutende Kinder hinterlassen. So blieb denn der eine

Sohn bei der Sprache stehen, deren Material die wissenschaftliche Arbeit seines Lebens mit Beschlag belegte, der andere lehrt noch jetzt den feinen Geschmack und die Weisheit schätzen, die unsere großen Dichter und Lehrer in ihren Schriften gelegt haben. Der dritte, ein ernster, verschlossener Mann, erfaßte das Leben noch tiefer, als Wissenschaft und Kunst es vermögen; er war rein menschlich und schuf neue Schätze (= Töchter), anstatt die alten auszulegen. Ehre seinem Andenken, der mir Marthchen geschenkt hat.

Wenn mein alter Jude, der jetzt mit Begeisterung von den Lehren seines Meisters sprach, geahnt hätte, daß sein Kunde, angeblich Dr. Wahle aus Prag, morgens die Enkelin des von ihm so verehrten Mannes geküßt. Er erzählte weiter von seinen Jugenderinnerungen, und Züge des weisen Nathan tauchten jetzt in seinem Gemüte auf.

– so etwas wie eine Laune (Laune auf des Messers Schneide), sich als 'Dr. Wahle' dem alten Graveur (und der lesenden Braut) vorzustellen: Freund von Freud und früherer Verehrer Marthas, sagt Ernst Freud in der Anmerkung. Spiel mit Identitäten und Spiel mit der Figur des Siegers beim Werben um die Braut; und nicht nur Napoleon muß in die Genealogie, auch Nathan der Weise und Lessing, auf dessen Hamburger Denkmal am Gänsemarkt der Anfang des Briefs anspielt, ein älteres Spiel mit Lessing fortsetzend: am Verlobungstag, dem 17. Juni 82, hatte Martha ihm den Ring ihres Vaters geschenkt. Freud, der ihn am kleinen Finger trug, ließ den Ring kleiner für sie nachmachen und erklärte ihren zum *echten* Ring (der Ringparabel), da jeder sie doch so liebe. Alles ist hingespitzt auf den Schreiber dieser *Geschichte*, den einzig und allein passenden Bewerber um die Hand der Enkelin des alten Schrift*auslegers*, den (und alle

Onkel) zu beerben Freud im Juli 1882 angetreten ist. Und nun die Botschaft des Stammvaters Isaac B.:

Der Jude, sagte er, ist die höchste Blüte des Menschen und für den Genuß geschaffen. Er verachte jeden, der nicht genießen könne. (Ich mußte mich erinnern, was Eli (Marthas Bruder, den der umsichtige Freud keineswegs vergißt) von seiner Weltanschauung zu seinen Ehren im Rausche verraten hatte: Homo sum). Das Gesetz schreibt dem Juden vor, sich jedes kleinen Genusses zu freuen, über jede Frucht die Broche (= Segensspruch) zu sprechen, die an den Zusammenhang mit der schönen Welt, in der sie gewachsen ist, erinnert. Der Jude ist für die Freude, und Freude ist für den Juden. Der Lehrer erläuterte dies an der Steigerung der Feste. [...]

– das ist das Gesetz für '*den* Juden'. Freud versichert seiner Braut, daß Freud auch gut für *die Jüdin* sei und *diese* Jüdin genau für ihn.

Ein Kunde kam, und Nathan war wieder Kaufmann. Ich empfahl mich bewegter, als der alte Jude ahnte. Wenn er nach Prag kommen sollte, werde er sich das Vergnügen machen, mich aufzusuchen. Er wird mich nicht in Prag finden, aber als Ersatz will ich ihm –

er hat ihn nicht erfunden, den Alten. Den Alten, der ihm hilft, das Türschild zu erfinden, das hängen soll über dem Eingang zur Ehe Bernays/Freud. Schlußsatz:

Und für uns beide glaube ich: wenn die Form, in der die alten Juden sich wohl fühlten, auch für uns kein Obdach mehr bietet, etwas vom Kern, das Wesen des sinnvollen und lebensfrohen Judentums, wird unser Haus nicht verlassen.

– ein schönes Türschild für die Liebe, keine Frage. Was die orthodoxe Religion an Freude gab, soll übergehen in die weltliche Lust des Paars; keineswegs geizt dieser freigebige Brief mit der Wortbedeutung des Namens seines Schreibers; es gibt nicht viele Texte, in denen Freud sich so deutlich das fehlende 'e' seines Namens ins Wappen geschrieben hat.

Ins Wappen für M&S. Vier Jahre lang gehen die Briefe. Sie handeln von allem, was Freud interessiert, benutzen Martha als Anschreibpol eines Schreibens, das dabei ist, sich selbst zu finden und *das* sich dabei findet. Freud wird im Schreiben der Brautbriefe ebenso zum *Autor* wie Kafka im Schreiben der Briefe an Felice Bauer. Sie sind das Protokoll von Freuds erstem Anlauf auf die Psychoanalyse.

In Anlehnung an Ernst Kris, den ersten Herausgeber und Kommentator der späteren Briefe Freuds an Fließ, ist gern behauptet worden, Fließ hätte als Empfänger dieser Briefe die Funktion eines Analytikers aus der Ferne für Freud gehabt. Was später in der analytischen Situation 'Übertragung' heißt, habe sich hier zwischen Freud und Fließ entwickelt.

Mir ist Fließ als jemand anderes erschienen: als der zur Entwicklung der Psychoanalyse notwendige Zweite im Männerpaar, dem produktiven 'male couple', in dem Freud nach einer Weile der Zusammenarbeit die Oberhand gewann und dann *bewußt* einen Sieg durchführte. Ich glaube aber, daß die Briefe der Verlobungszeit an seine Braut Martha Bernays solch eine Funktion für Freud hatten; jedenfalls sind sie mir bei ihrer Lektüre als früheste (und manchmal überraschend weitgehende) erste Entwicklung des Verfahrens 'Psychoanalyse' erschienen.

Ich möchte besonders auf den langen Brief an Martha vom 2. Februar 1886 hinweisen – zu lang, um ihn hier zu zitieren – Freud analysiert sich Martha gegenüber selbst – der Brief ähnelt sehr dem, was später das Protokoll einer Analysestunde heißen wird.

Ich glaube, es ist nicht unwichtig für die Person Freud wie für die Entwicklung der Psychoanalyse, daß ihre früheste Erfindung, zugespitzt gesprochen, in einem Liebesbrief geschieht.

Freud eröffnet Martha in diesem Brief u. a., daß die 'leichte Neurasthenie', unter der er ständig zu leiden pflege, immer dann wie mit einem Zauberschlag verschwunden sei, wenn ich bei Dir war.

Martha, die Liebe zu Martha, das Schreiben über die Liebe zu Martha wird Freud zum Mittel der Beseitigung neurotischer Züge; Briefeschreiben über die Liebe zur Braut an die Braut heilt Neurosen, sagt Freud.

Der Brief spricht auch von der sexuellen Enthaltsamkeit, die Freud in diesen Jahren eingehalten zu haben scheint (dem entspricht später der Wunsch an die Patienten zum Unterlassen 'sexuellen Ausagierens', das die analytische Arbeit störe).

Freud arbeitete, besonders in den Briefen aus Paris, an einer Verwandlung des Verlobungsverhältnisses in eine Psychoanalyse, an der Verwandlung des Briefstroms in die erste Form der Selbstanalyse unter Zuhilfenahme der Braut als Übertragungsfigur.

Martha wird zu dem Entwurf einer analytischen Instanz, ohne es zu wissen. Zu sagen, Freud habe sich den Wunsch erfüllt, seine Analytikerin zu heiraten (bevor es Analytikerinnen gab und also Regeln, die das erschweren), wäre vielleicht übertrieben, aber nicht ganz unsinnig.

Das Programm für Martha und für ihn selbst, das die Briefe entwerfen, organisiert zum einen eine Auswechslung der eigenen Familiengeschichte, ihre *Verbesserung* durch Marthas Verwandte: das sind doch andere *Vaterbrüder* als der Knastbruder Onkel Josef mit den falschen Rubeln (wie er verschlüsselt durch die *Traumdeutung* geistert); ein anderer Bruder Eli (der anständig für die Familie Bernays sorgt), als die eigenen älteren Brüder mit ihren dunklen Geschäften in Manchester, die zwar auch 'für die Familie' sorgen, aber vermutlich mit Falschgeld und falschen Credit-Papieren. Ein Wunschbruder, Wunschonkel, wie sie das Herz begehrt: – nutzbar für Schreibstrategien wie zur Entwicklung der eigenen Person.

Zum zweiten ist Marthas Vater ein seriöserer Kaufmann als der eigene Vater Jacob; ein Vater zudem, der nicht mehr unter den Lebenden ist: die Vaterposition der Familie Bernays ist teils vakant (bietet Raum für eigene Expansionen), aber, vielleicht wichtiger noch, sie bietet, was man in einem Paradox, die 'fehlende Behinderung' nennen könnte. Es ist etwas anderes, die Frau aus der Hand eines Vaters zu bekommen oder sie an solch einer Machtposition vorbei zu erobern. Freud beschreibt sich mehrfach in den Briefen an Martha als rebellischen Schüler, als oppositionellen Typ gegenüber verschiedensten Autoritäten. Nun scheint (wenigstens dem Auge von töchtervergebenden Vätern) in rebellischen (Schwieger-)Söhnen immer ein abenteuernder Spieler oder Umstürzler durch, dem man alles (nur eins nicht) geben darf 'im Leben', Verantwortung. Unter diese fällt aber die Tochtervergabe.

Objektwahl nach Maßgabe eines fehlenden Vaters der Braut dürfte als ein verstärkendes Moment der Affekte des verliebten Mannes nicht selten im Spiel sein.

Dann ist da, drittens, der alte Jude Isaac/Nathan Bernays, über den Freud an eine Art jüdischer Lehrtradition anknüpfen kann, die in der eigenen Familie verlassen worden ist oder so nie vorhanden war; weiter die Verbindung dieser Tradition mit westlich-hamburgischem Rationalismus à la Lessing.*

Das ist ein gut geschnürtes Bündel, dem Esel von Selbst vor die Nase zu hängen, damit er ein bißchen läuft, ein bißchen flotter, denn Freud lebt im Gefühl, nicht genug zu arbeiten; ein eher fauler Mensch zu sein: er ist schon 26 und so weit entfernt von der Marmorbüste, als die er sich aufgestellt sieht seit seinem 16. oder 17. Jahr; ein Feuer ist nötig. Diese Objektwahl gibt eine Menge Feuer, und es brennt eine ganze Weile.

Der Determinierungen kann es übrigens nicht genug geben: Marthas Mutter Emmeline Bernays ist eine geborene *Philipp*; Martha ist also, neben allem, was sie sonst noch ist, auch eine *legitime* Philipp-Tochter. Freud hatte zwei ältere Brüder aus der ersten Ehe seines Vaters Jacob. Sie waren beide im Heiratsalter, als Freud ein Kind war. Einer von ihnen, Philipp, lebte unverheiratet im Jacob-Haushalt; er war Freuds Mutter Amalia gleichaltrig und der Vater/Ehemann Jacob Freud war oft monatelang (Textilien aus Galizien nach Böhmen schaffend) nicht im Hause. Durch die *Traumdeutung* und viele Briefe Freuds geht seine Schwester Anna als eine Philipp-Tochter (nicht Jacob-Tochter). Merkwürdige Vögel aus der Philippson'schen Bibel, aus welcher das Kind Sigmund Freud lesen gelernt hat, erscheinen (in Freudschen Träumen, die er berichtet und analysiert) nachts in der Wohnung und besuchen die Mutter Amalia ...

* *Der alte Isaac Bernays hatte tatsächlich etwas von einem Nathan. Nach dem Talmudstudium ein Philosophiestudium in Würzburg; anstelle des Titels 'Rabbiner' nahm er den portugiesischen Titel 'Chacham' (Weiser) an und predigte als erster Orthodoxer in deutscher Sprache (an der Hamburger Kohlhöfensynagoge bis zu seinem Tode 1849).*

Vermutlich hat Freud als Kind den älteren (der Mutter nicht verwandten) Bruder Philipp bei ihr gesehen. Die Sprengung der Freudschen Familie 1860 – die älteren Brüder gehen nach England, der Rest der Familie geht nach Wien – dürfte ihren Grund in dieser Konstellation gehabt haben (Untersuchungen wie die von Marianne Krüll über Freuds Kindheit in Freiberg legen das nahe). Dieser Schnitt und Schritt nach Wien war entscheidend für Sigmunds späteren Weg, auf dem er sich – sollen wir sagen: das Vergnügen macht? – eine legitime Philipptochter zu finden und damit eine weitere Konstellation zu *er*finden, die geeignet ist, einen *Makel* zu löschen in Freuds Familienroman. Martha ist eine sehr ergiebige Braut für diverse Aspekte des Sigmundschen Lebensplans.

Der Psychoanalytiker Freud findet später einen Begriff für solche mehrfach gestrickten oder gesicherten Verkettungen: Überdeterminierung. Überdeterminierung bei der Bildung von Symptomen, bei der Verschlüsselung von Traumbildern ... bei der Konstruktion der Geliebten. Martha Bernays wird geheiratet wie ein überdeterminiertes Symptom: Symptom eines Gesundens des Bräutigams zu 'Arbeits- und Liebesfähigkeit', Garantin eines Geschichtsumschnitts, überdeterminierte Helferin eines Wachstumsprozesses.

Freuds entwerfender Blick, der die Martha seines Begehrens aus dem Bedarf nach einer bestimmten 'Martha' entwirft, steht in der Verschlingung der M&S-Zeichen kein bißchen hinter der *Großherzigkeit der Graveure* zurück. An den imaginären Ort dieses *Ineinanderverschlungenseins* und an die Frau, die er an der Seite dessen sieht, der er einst sein wird, sind die Brautbriefe ebenso gerichtet wie an die (realere) Martha-Verlobte und die Martha-Analytikerin.

Gedacht sein soll an dieser Stelle wenigstens kurz der eigentlichen Mutter der Erfindung 'Brautbriefe': Emmeline Philipp-Bernays, Marthas Mutter. *Sie* war gegen die Heirat ihrer Tochter mit dem unfertigen Universitätsdoktor und entführte Martha nach Wandsbek, bis jener zur Heiratsfähigkeit (ökonomisch) gelangt sei (und dann die Braut vielleicht vergessen habe). Er 'vergaß' sie keineswegs.

Das Verfahren funktioniert als *Liebe*, scheint es, solange alle Optionen offen sind; solange Martha als die Frau erscheint, die eines Tages das Briefpapier vertauschen wird mit dem Papier literarischer (oder analytischer) Manuskriptseiten; solange in ihren Antworten (auf Freudsche Erfindungen) etwas aufscheint, das zur Funktion 'analytisches Ohr' gehört; solange Schreibverbindungen zu Wunschonkeln bestehen etc.

Freud schreibt Briefprogramme 'An die Braut', daß sie einsteige auf das Spiel von Freuds Wunsch, eine Frau (mit)zuerfinden, die sich (nicht nur im kommenden Kindergebären) beteiligen möge an seiner Arbeit, seinen Entwürfen, seiner Verwandlung von Freud in FREUD. Das kunstvoll verschlungene Monogramm aus Anfangsbuchstaben ist weniger als Vorwegnahme der kinderzeugenden Liebe zu sehen, als jener anderen Art LOVE, die etwas herstellen, etwas gebären möchte aus der eigenen Frau, eine 'Schriftstellerin' in diesem Fall (in anderen Fällen ist es eine anders mediale).

Freuds ist eine taktisch-strategische Wahl, wie sie im Buche steht (im *Buch der Könige* in diesem Fall). Sie ist sehr umsichtig und elegant durchgeführt; so mancher versierte Objektwahlstratege sieht ziemlich alt dagegen aus.

Es gibt eine schöne Stelle in den Briefen an Martha, in der Freud, in einem virtuosen Schlenker über eine mögliche *andere* Objektwahl unterstreicht, wie sehr ihm die Verkettung von Liebeswahl und strategischem Kalkül geläufig ist. Freud hospitierte 1886, im letzten Jahr der Verlobungszeit, in Paris bei Charcot, um sich dessen Behandlungsmethode von Hysterikerinnen anzueignen. Er war mehrmals ins Haus Charcots geladen und berichtet an Martha über dessen Familie:

Madame ist klein, rund, lebhaft, weiß gepuderte Haare, liebenswürdig, nicht sehr distinguiert im Aussehen. Der Reichtum stammt von ihr, Charcot war ein ganz armer Teufel, ihr Vater soll ungezählte Millionen besitzen. Mlle. Jeanne Charcot ist was anderes, auch klein, etwas voll und von einer geradezu lächerlichen Ähnlichkeit mit ihrem genialen Vater, infolgedessen so interessant, daß man sich nicht überlegen kann, ob sie hübsch ist. Sie ist etwa zwanzig Jahre alt, sehr natürlich und umgänglich. Ich habe kaum mit ihr gesprochen, da ich mich zu den alten Herren hielt, aber R. sehr viel. Sie soll Englisch und Deutsch verstehen. Denke Dir nun, ich wäre nicht schon verliebt und sonst ein rechter Abenteurer; es wäre eine starke Versuchung, hereinzufallen, denn nichts ist gefährlicher, als wenn ein junges Mädchen die Züge eines Mannes trägt, den man bewundert. Dann würde man mich auslachen, hinauswerfen, und ich wäre um die Erfahrung eines schönen Abenteuers reicher. Es ist doch besser so –

Auf diese spielerisch vorgebrachte Variante der Objektwahlweise 'Tochter des Chefs' (und reich ist sie auch ...) muß Martha etwas Eifersüchtiges geantwortet, d.h. mitgespielt haben; Freud schließt das Thema nach einem weiteren Besuch bei den Charcots:

Mlle. war in einem griechischen Kostüm, sogar sehr nett, das kann ich Dir, da Deine Eifersucht doch nicht lange angehalten haben wird, sogar mitteilen, gab mir beim Eintritt die Hand und sprach sonst kein Wort mit mir.

– aber das Wort, daß man bei Töchtern, die aus der richtigen

Männerhand kommen, nicht mehr überlegen kann, ob sie 'hübsch' seien oder nicht, ist ausgesprochen. Die Attraktivität der Braut ist u. U. eine Funktion codierender Männerhände. Die Arbeit Sigmunds, Martha Bernays mit den richtigen Codes auszustatten, haben wir gesehen. Eindrucksvoll.

*

Dem Wunsch Freuds, der etwas anderes aus ihr machen wollte, als sie wahrscheinlich war, hat Martha Freud später nicht oder nur zu einem Teil entsprochen. Vielleicht ist das einer der Gründe dafür, daß Freud sich an die eigene Art der Objektwahl nicht mehr erinnert oder erinnern will, als er 30 Jahre später daran geht, über Mechanismen des Sich-Verliebens nachzudenken. Es waren Enttäuschungen verbunden mit der Liebeswahl Martha Bernays.

Sie ist weder die erwünschte Schriftstellerin geworden (das ist auch schwer möglich bei 6 Kindern, die sie in den ersten 9 Ehejahren zur Welt bringt), noch scheint sie sich, und das ist schwerwiegender für die Entwicklung der Beziehung, für die Entfaltung der Freudschen Arbeit, die 'Psychoanalyse', dauerhaft interessiert zu haben.

Das geht aus verschiedenen Äußerungen Freuds hervor, am deutlichsten aus einem Brief an Fließ vom 8. Februar 1897. Freud möchte gern von Fließ eine Mitteilung, ob jener bemerkt habe, wann der Ekel bei kleinen Kindern auftritt und ob es eine ekelfreie Periode des jüngsten Alters gibt. Warum ich nicht in die Kinderstube gehe und … Versuche mache? Weil ich bei 12 ½ Arbeitsstunden keine Zeit dazu habe und die Weiblichkeit meine Forschungen nicht unterstützt.

Die *Weiblichkeit*, das sind Martha Freud und ihre vier Jahre jüngere Schwester Minna Bernays, die, nach der Auflösung ihrer Verlobung mit dem tödlich-tuberkulösen Ignaz Schönberg (einem Freund Freuds) durch jenen selber, in den 90er Jahren ins Haus der Freuds gezogen ist und mit Martha zusammen den Freudschen Kindersegen großzieht.

Martha muß an irgendeiner Stelle ihres Zusammenlebens mit Sigmund einen Abzug ihres Interesses vom 'Analysieren' vorgenommen haben: mit den Kindern, lieber Sigmund, nicht; – eine Trennung der Einflußsphären zwischen Freud-Weiblichkeit und Freud-Mann im Haus Berggasse 19.

So muß Sigmund Freud mit seinen sechs Kindern (Anna, das jüngste, ist gerade ein Jahr und drei Monate alt) Wilhelm Fließ in Berlin, Vater von zwei Kindern, dessen Frau Ida den Enthusiasmus der Kinderbeobachtung teilt, nach Kinderverhalten fragen. Das ist bitter für einen Theoretiker der frühkindlichen Sexualität, zumal die Möglichkeit, sich auf entsprechende klinische Forschungen anderer zu stützen, nicht bestand.

Liebe in Instituten (2): die intellektuellen Reihen.

Freud hat sich mit dem Rückzug der ihm verbundenen Frauen von seinen Forschungen nicht einfach abgefunden: andere Frauen übernehmen diese Aufgabe, soweit dies möglich war; dies war einerseits sehr leicht möglich, andererseits sehr schwer. Leicht, weil z. B. Patientinnen, die zu ihm kommen und bei ihm bleiben, sich überwiegend brennend für das Verfahren der Behandlung von Neurosen mit schönen Worten interessieren; für einen Umgang mit ihren seelischen Gebrechen und seelischen Schönheiten, der mehr mit Literatur und Spiel zu tun hat, als mit herkömmlicher Ärztemedizin. Natürlich war hier eine ungeheure Attraktion und es fällt nicht schwer, nachzuempfinden, wie es Freud gelang, mehr und mehr Analytikerinnen hierbei zu generieren; aus der Behandlung ein Ausbildungsverfahren zu machen und aus Patientinnen Informantinnen und Helferinnen beim Ausbau der Psychoanalyse.

Schwer war dieser Umgang andererseits, weil die Art der Beziehungen zu diesen Frauen, die eher Gegenstücke zur eigenen Frau zu Hause waren, nicht anders als eng sein konnten – und wie damit umgehen?

Freud löst dieses Problem auf längere Sicht durch Institutionalisierung: durch Aufstellen bestimmter Regeln für den Umgang zwischen Männern und Frauen, die Mitglieder der Psychoanalytischen Vereinigung werden.

Auf der persönlichen Ebene kommt es zu so etwas wie einer Reihenbildung (Reihenbildung, die sehr derjenigen ähnelt, die ich für Kunstproduzenten und ihre jeweiligen 'medialen Frauen' beschrieben habe).

Diese Frauen, sagt Jones, übten auf Freud keine erotische Anziehung aus. Das ist sicher nicht richtig; zutreffender wäre, zu sagen, die erotische Anziehung wurde, mit großer Anstrengung und mit Bewußtsein in eine andere Art von Affektivität umgebaut, in eine Liebe der Zusammenarbeit bei der Entwicklung und Durchsetzung der Psychoanalyse.

Die bedeutendsten davon waren vor allem seine Schwägerin, Minna Bernays (sagt Jones; aber das galt, wenn überhaupt, nur kurze Zeit), dann in chronologischer Reihenfolge: Emma Eckstein, Loe Kann, Lou Andreas-Salomé, Joan Riviere, Marie Bonaparte (so Jones).

Die Liste ist nicht vollständig, darauf kommt es hier auch nicht an. – Wichtig ist der Charakter der 'Reihe'. (Interessant auch der Ursprung dieser Reihe; aller Wahrscheinlichkeit nach geht sie nämlich nicht auf eine Frau (Schwester oder Mutter) der eigenen Familie zurück, sondern auf Freuds Kinderfrau Monika

Zajîc, das war diese häßliche aber kluge Alte, die dem kleinen Sigmund 'die hohe Meinung von sich' beigebracht hat und deren Wiederbelebung im Traum Freud im Jahre 1897 die entscheidenden Schritte zur Entwicklung der Traumdeutung als analytischem Verfahren eröffnet hat.)

Man kann sagen, daß in diesen Träumen des Jahres 1897 Shakespeare, Goethe, die Eisenbahn, Freuds Mutter 'nudam' und Monika Zajîc um die entscheidenden Impulse zur Entwicklung der 'Traumdeutung' miteinander im Wettstreit liegen, und daß Monika Zajîc diesen gewinnt. (Das nebenbei.)

'Angelehnt' an sie, die Klüger-als-die-Mutter-war-Kinderfrau, entsteht ein analytisches Deutungsverfahren und eine reihenbildende Art der Objektwahl, die sich deutlich von der Liebeswahl 'Martha' unterscheidet.

Die mehreren Seelen in einer Brust entwickeln wohl ihre je eigene Objektwahl? Neben dem Typ, der zwanzigmal 'dieselbe' Frau liebt, verliert und wiederfindet, gibt es den, der für jedes seiner Ichs oder Partial-Ichs eine andere (oder andere Sorte) Geliebte findet oder zu finden sucht? (Was nicht heißen muß, daß eine Art für die andere 'aufgegeben' wird.) Sehr viel hängt ab von gelingender Institutionalisierung.

*

Freud. Jung. Spielrein.
Kampf um ein ungeborenes Kind.

Institutionenmänner (Staatsmänner, Kirchenmänner, Militärmänner, Juristen, Philosophen) sorgen sich seit tausenden von Jahren mit unverminderter Zuneigung um das Schicksal der Ungeborenen. Seit ein paar hundert Jahren auch Ärzte, Medizinmänner.

Hätten sie völlig freie Hand für *ihre* Version des Zweihundertachtzehn, würden die Kinder gleich im Magazin *zur Welt* gebracht oder im richtigen Kirchenschiff, rohbearbeitet, freizugeben zum Feinschliff für das jeweils bedürftige Institut, die Truppe, für den Denkturm; sonstwas. Trotz aller Anstrengungen sind sie aber auch weiterhin nicht Gott, sondern Frauen gebären die Babies (= erzeugen das Leben; was nach dem immerwährenden Buchbestseller des Institutionenmanngeschlechts ein Herr nur kann, *der* Herr).

Von Plato, der es jenseitigem Losentscheid zuschiebt, wie und als was die Kinder aus dem JEN- in ein Diesseits gelangen bis zum Heideggerherrn, der sie geworfen werden läßt ins harte Bett der Modernwelt vom immer wieder ausgelassenen Geschlecht, lassen sie nicht nach im Erlassen des Gesetzes, daß sie es seien, welche *machen* (den Mensch als Arbeitsochs, Mensch als Institutionenteil). Den Frauenkörper, den sie dazu brauchen, bauen sie sich selber (als Land/Nation, als Mutter Gottes, als Gebärmaschine Militär, Alma Mater oder Bauch der Fabrik); gerade eben schiebt der Augstein-Herr eine großdeutsche Göttin auf das Spiegelcover. Man kloppt sich um die deutsche Ausgeburt, die zu erwarten ist am unteren Ende der wiederzusammengesetzten Frau Germania.

Auch im Leben Freuds (der mit Nietzsche und einigen andern zu den wenigen Männern gehört, die nicht so sehr daran zweifeln, daß es Frauen sind, die das Leben machen), gab es den Moment solchen Kampfes um ein ungeborenes Kind; es war, natürlich, während des Ausbaus der Psychoanalyse von einem Lebens-, Liebes- oder Behandlungsverfahren zu einer Institution, zur Internationalen Psychoanalytischen Vereinigung, die im wesentlichen zwischen 1906 und 1913 geschieht. Die Mutter des ungeborenen Kindes ist die Psychoanalytikerin Sabina

Spielrein, Freud kämpft um die Vaterschaft dieses Kindes mit dem Schweizer Kollegen C. G. Jung; leiblicher Vater des Kindes ist keiner von beiden. Aber die Mutter des Kinds ist eine Tochter des psychoanalytischen Vereins, nicht nur *eine* Tochter, sondern *die* Gründungstochter des Vereins, – und das kam so:

Carl Gustav Jung, Assistenzarzt an der Züricher psychiatrischen Klinik Burghölzli, einem der Mekkas der damaligen Psychiatrie mit Chefarzt Eugen Bleuler, konvertierte in den ersten Jahren dieses Jahrhunderts (ein hingerissener Leser der *Traumdeutung*) zur Freudschen Psychoanalyse und nahm Kontakt auf. Freud war ein österreichisch-jüdischer Neurologe/Psychiater, der wenig gelesene Bücher schrieb (weniger als 1000 Exemplare der 'Traumdeutung' verkauft in den ersten Jahren); der auf die fünfzig zuging, mit Mühe und Not zum außerordentlichen Professor ernannt worden war, aber mit der Gewißheit, 'die Psychoanalyse' in den letzten Jahren erfunden zu haben; sein Hauptproblem war die Ausbreitung, waren Freunde, Helfer in anderen Städten und Instituten. Das Burghölzli war ein mächtiges Institut. Carl Gustav Jungs briefliche Kontaktnahme kam wie ein Geschenk des sog. Himmels. Freud nutzte dieses Geschenk. Auf der Koalition mit dem Burghölzli, dessen Chef Eugen Bleuler nach einer Zeit des Abwartens ebenfalls der jetzt aus der Taufe gehobenen Vereinigung beitrat, ist die institutionalisierte Psychoanalyse aufgebaut.

Freud wußte, daß er, als obskurer jüdischer Traumdeuter aus Wien, ohne mächtige institutionelle Verbündete die Psychoanalyse niemals in der westlichen Medizin würde durchsetzen können (daß er es überhaupt schaffte, zählt zu den Wundern dieses Jahrhunderts). Er hat im Lauf der folgenden Jahre das Züricher Burghölzli seiner Bedeutung für die Verbreitung der Psychoanalyse wegen, sein 'arisches Bein' genannt. Auf einem jüdischen allein hätte die Psychoanalyse nicht stehen und erst recht nicht laufen lernen können.

Sabina Spielrein, eine russische Jüdin aus Rostow am Don, mit den Symptomen einer 'Hysterica' ans Burghölzli geraten, war die erste Patientin, die Jung nach Freudschen Prinzipien zu behandeln sich entschloß – so etwas wie Jungs Ausbildungsfall; aber nicht nur Jungs Ausbildungsfall, es wurde auch gleich Sabina Spielreins Ausbildungsanalyse.

Wie so viele intellektuelle Frauen der Entstehungszeit der Psychoanalyse entbrannte sie in Liebe zu diesem Verfahren und war schnell, mit Jung zusammen, auf dem Weg zur Analytikerin.

Nach Freudschen Prinzipien sollte es gehen und ging es dann nicht. Jung nahm sich das Recht, gleich in seiner ersten Analyse das Prinzip des Liebesverbots zwischen Analytiker und Patientin zu verletzen. Spielrein und Jung haben die Übertragungsliebe, die sich, für Freud, mit Notwendigkeit entwikkelt zu einem bestimmten Zeitpunkt der analytischen Kur, umstandslos als sexuelle genommen, haben, im Überschwang ihrer Gefühle, berauscht, beflügelt von der neuen (Liebes)Kunst Psychoanalyse, geglaubt, genau die beiden Menschen zu sein – *das* analytische Gründerpaar – aus dem (er fühlte sich goetheanisch, sie mehr nietzscheanisch-übermenschlich und beide zusammen freudsch) der psychoanalytische Übermensch hervorgehen sollte; sie gaben dem Wunschkind den Namen 'der psychoanalytische Siegfried' (es war noch vor Deutschlands zwei großen Nibelungenzeiten; die Namensgebung vielleicht verzeihlich, wenn man will).

Frau Spielrein phantasierte das Verhältnis zu einem seiner naheliegenden Enden durch, sie wollte Frau Sabina Jung werden. Jung war verheiratet und wollte, nach Verglühen der ersten Glut (wie Heidegger für Hannah Arendt) seine Ehe nicht aufgeben. Es gab Verwicklungen, Verstrickungen, Gerede in Zürich; den Auftritt von Frau Spielreins Eltern, die Jung juristisch drohten; unvermeidlich der Bruch, dessen Einzelheiten ich übergehe – aber daß Jung in seiner Klemme zu der Übeltat sich verstieg, nachträglich Rechnungen auszustellen für Behandlungs- und Ausbildungsstunden, die Liebesstunden gewesen waren, soll erwähnt sein.

Sie hatte es natürlich planmäßig auf meine Verführung abgesehen. [...] Nun sorgt sie für Rache, beklagte sich Jung (verführter Novize) brieflich bei Freud.* Freud wußte von diesem Verhältnis sehr früh. Jung hatte ihn informiert und um Rat gebeten. Freud in *seiner* Klemme (des 'arischen Beins' wegen) konnte Jung nicht die entstehende Lizenz entziehen. Sie ist, wie Groß, ein Fall von Vaterbekämpfung, den ich gratissime (!) mit soundsoviel Zentnern Geduld in Dreiteufelsnamen heilen wollte und dazu selbst die Freundschaft mißbrauchte. – schreibt Jung. Freud, statt ihm ein paar zu löffeln (des Satzbaus wegen und auch sonst) bestätigte Jung das planmäßige Verführtwerden durch bestimmte Frauen aus dem eigenen Praxisleben: Das 'großartigste' Naturschauspiel bietet die Fähigkeit dieser Frauen, alle erdenklichen psychischen Vollkommenheiten als Reize aufzubringen, bis sie ihren Zweck erreicht haben. [...] Ich selbst bin zwar nicht ganz so hereingefallen, aber ich war einige Male sehr nahe daran und hatte a narrow escape. Er sei auch, fügt Freud hinzu,

* *als Jahre später Jung in wiederkehrender Konstellation beschloß, mit zwei Frauen eheähnlich zu leben, hatte er dazugelernt und erfand für beide Frauen (wie für den 'Carl' und den 'Gustav' in sich) ein je eigenes psychologisches Prinzip, Anima und noch eins, lehrte darüber in Büchern und lebte mit beiden.*

schon 10 Jahre älter gewesen als Jung jetzt; immuner also gegen weibliche psychische Vollkommenheiten. Und faßt zusammen:

Es schadet aber nichts. Es wächst einem so die nötige harte Haut, man wird der 'Gegenübertragung' Herr, in die man doch jedesmal versetzt wird, und lernt seine eigenen Affekte verschieben und zweckmäßig plazieren. Es ist 'a blessing in disguise'. (7. 6. 09)

– die Segnungen kommen verkleidet. (Die Schönheiten solcher Lehrstücke der Analytikerausbildung halten sich ebenfalls bedeckt.) Das nebenbei.

Interessanter hier die nochmalige Unterstreichung, die das Verschieben-und-zweckmäßig-Plazieren der eigenen Affekte erfährt: das scheint das Schicksal von LOVE, wenn der erste Sturm vorüber ist ... nach dem Verkennen das Erkennen ... (in- und außerhalb von Analysen) ... Verschiebungen, Zwecke, Plazierungen ... das Leben schreibt die Affekte um in Effekte.

Freud, gezwungen durch diese Affäre, schreibt Genaueres zur 'Gegenübertragung'. Nicht nur dieser psychoanalytische Begriff ist eng mit der Existenz von Frau Spielrein verbunden.

Jung hat aber auch nach dem Bruch mit Frau Spielrein nicht aufgehört, Freudsche Konstruktionen der Analyse und Freudsche Zentralbegriffe in Theorie und Praxis zu torpedieren. 1911 ist es so weit, daß er sich an Freuds Kernbegriff heranmacht, die Libido. Das führt schließlich zum Bruch auch zwischen Freud und Jung, auf den ich gleich zurückkomme.

Sabina Spielrein geht im Verlauf der Auseinandersetzung mit Jung wie der Macht- und Zentrumsverschiebungen des psychoanalytischen Vereins, nun selber Analytikerin geworden, nach Wien und dort regelmäßig in die Freudsche Mittwochsgesellschaft. Die Protokolle verzeichnen, daß Freud manchmal nicht umhin konnte, in Äußerungen der jungen Kollegin gewisse Züricher Untertöne zu monieren; es ist Kritik unter Freunden jetzt. Sabina Spielrein ist angesehenes Mitglied des Wiener Vereins, sie schreibt Artikel in den psychoanalytischen Zeitschriften, während Jung – verkehrte Fronten – in die Position des Teufels umgewandert ist, der öffentlich der Psychoanalyse schadet.

Sabina Spielrein heiratet 1912 den russisch-jüdischen Arzt Dr. Pawel Scheftel. 1913 ist sie schwanger. Über den Vater des Kindes bestehen keine Zweifel. Aber (für Freud) scheint etwas *dem Segen* der Konstellation gefehlt zu haben: Spielrein hat sich öffentlich nie von ihrem Verhältnis zu Jung 'losgesagt' (oder wie man das nennt); im Gegenteil. Den Analytiker hat sie gestürzt, dem ehemals Geliebten aber ein Andenken (oder wie man das nennt) bewahrt. Freud sieht sich gedrängt ('Krieg um Tochterkörpergebiete'; 'Krieg um ungeborene Kinder'), ihr im August 1913 aus den Sommerferien einen Brief zu schreiben. Er lautet –

Ich kann es gar nicht hören, wenn sie noch von der alten Liebe und den verflossenen Idealen schwärmen und rechne auf einen Bundesgenossen in dem großen, kleinen, Unbekannten (= das Ungeborene).

Selbst bin ich, wie Sie wissen, von jedem Rest Vorliebe fürs Ariertum genesen und will annehmen, wenn es ein Junge wird, daß er sich zum strammen Zionisten entwickeln soll.

Schwarz (wie die Liebe) muß er oder es auf jeden Fall werden, kein Blondkopf mehr, lassen wir die Irrlichtereien fahren!

Grüße an Jung werde ich in München nicht ausrichten, das wissen Sie. Ihnen aber will ich alles Gute wünschen, einen Überschuß an Zärtlichkeit, Humor, Verständnis, damit noch vieles davon auf das kleine, junge Leben übergehe.

Wir sind und bleiben Juden. Die Anderen werden uns immer nur ausnützen und uns nie verstehen oder würdigen.

Mit vielen herzlichen Grüßen

Ihr Freud

'Wer hat das geschrieben, Freud?!' – höre ich jedesmal fragen, wenn ich dies vorlese; das *paßt* nicht zu ihm. So schlimm? Nein und ja. Neben der schöneren Seite des Briefs, daß einmal ein Jude seiner Wut über die Idioten von sog. Ariern freien Lauf läßt, ist da die wirklich beklagenswerte der Okkupation dieses Babys und der Reklamierung dieses Tochterkörpers 'für sich'.

Freud, der erklärte und wirkliche Anti-Rassist, kommt nicht umhin, als Analytiker/Jude/Institutionengründer im schwangeren Körper einer Frau, die seiner Institution angehört, eine jüdische Tochter zu entdecken und ihr (als Patriarch der Institution) das ungeborene Kind zu enteignen zum Zwecke eines Sieges über den feindlichen Institutionenmann/Arier Jung. Er kann nicht aufhören, jenen auf einem Territorium zu bekämpfen, das ihm noch viel weniger gehört als Jung – jener zumindest war dort einmal zugelassen. Freuds anti-nibelungische Attacke hat dabei Sabina Spielrein nicht einmal zur Verbündeten; ihr Körper ist das *Terrain*, um das der Kampf (die Liebe ...) tobt.

Dann hat Sabina Spielrein ein Mädchen geboren und Freud hat geschrieben:

Liebe Frau Doktor

Nun also meinen herzlichen Glückwunsch! Es ist besser, daß es eine 'Sie' ist. Da kann man sich den blonden Siegfried noch überlegen und bis zu seiner Zeit vielleicht ein Götzenbild zerschlagen haben. Übrigens wird die kleine Sie für sich selbst sprechen. Möge es ihr gut gehen, wenn Wünsche noch einen Rest Allmacht haben!

Ihr Freud

– hat *Freud* das geschrieben? So schreibt man (wohl), wenn die Allmacht des Wunsches (d.h. andere um die Ecke und sich selbst als *spirituellen* Erzeuger aller Kinder aller Frauen zu wünschen, bei denen man dies aus Gründen medialer Kontrolle, Staatsangehörigkeitsproblemen, für notwendig hält) versagt. Freud macht sich zum rechtrassigen institutionellen Vater der eben geborenen Kleinen, den wirklichen jüdischen Vater von Renata Spielrein mit keiner Silbe erwähnend, aber eine Waffe bauend aus dem Baby zum 'Zerschlagen eines Götzenbildes'.

Darauf kommt es an in der institutionellen Königsökonomie: Kontrolle zu behalten über alle zu gebärenden oder schon geborenen Töchter des eigenen Reichs, seien sie reich an Intelligenz, an gutem analytischen Ohr, an goldener Kehle, geschickten Fingern, tanzenden Beinen, geübt in dieser oder jener technischen Prozedur. Wer nicht ausreichend Töchter kolonisiert, aus fähigen Frauen, potentiellen 'Geliebten', nicht mediale Frauen oder Organisationstöchter macht, dem werden sie nicht wachsen, die Reiche. (Wobei 'kolonisieren' heißen kann: 'die Töchter' den Händen schlimmerer Despoten entreißen; sie 'befreien'.)

Es hat keine befreiendere Institution für Frauen gegeben in diesem Jahrhundert als die Psychoanalyse, ihren Tochterstaat.

Despotische Briefe allerdings an Frauen wie Sabina Spielrein 1913/14. Freud hätte solche Briefe nicht in jedem Jahr seines Lebens geschrieben. Sie liegen nicht im 'Charakter' der Person, sie stammen aus Konstellationen, Macht-, Bündnis-, Liebeskonstellationen und der der Geschlechter in einer Institution.

An der Schwelle von World War I auch das dunkelste Jahr im Krieg der Psychoanalyse um ihr Dasein: – gerade dabei, ein weltliches Netzwerk zu werden, hätte sie zerreißen können … würde das Programm weiterlaufen ohne die Kraft des Zürich-Senders … ohne den ebenfalls gerade abspringenden Adler-Teil des Vereins in Wien … würden die anderen Ortsgruppen bleiben … Berlin … New York … London … oder sich Jung anschließen … Hirschfeld folgen … würden die Zeitschriften, gerade gegründet, sich halten können … oder die Redaktionen die Seiten wechseln … mit fliegenden Fahnen … und *aquis submersus* dann die Psychoanalyse, nicht 'culpa patris' gerade, aber durch Schuld *eines* der Väter … Freud wollte das vermeiden.

Sabina Spielrein, umkämpftes Tochtergebiet zweier Gründerheroen, hat sich im Wissen genau dieses Status geäußert. Was die Staatsangehörigkeit angeht, hat sie sich offen für den Freudschen Staat entschieden; auf der 'persönlichen' Ebene hat sie dagegen versucht, aus allen beiden einen psychofamilialen Angehörigen für sich zu machen und dabei in der Genealogie für Freud und Jung streng unterschieden. Sie schreibt 1914 an Freud:

Die Stellung J.(ung)s unserem Verein gegenüber konnte ich ihm noch weniger vergeben, als meine persönliche Angelegenheit.

Ich sah ihn bloß einmal nach meiner Verheiratung, aber schließlich bin ich doch nicht der Vater, sondern die Schwester.

(heißt: ich bin nicht Freud; kann also Jung nicht als *Vater* in die Schranken weisen.)

Ich habe, schreibt sie weiter, J. trotz aller seiner Verirrungen gern (psychoschwesterlich gern eben) und möchte ihn wieder den unsrigen zuführen. Sie, *Herr Professor* und er wissen gar nicht, daß ihr beide viel inniger zusammengehört, als man es glauben könnte. Dieser fromme Wunsch ist doch kein Verrat an unserem Verein!

Wir lesen also den töchterlichen Wunsch, der Krieg der Könige möge nicht bis aufs Messer gehen; es würde s i e versehren. Sie wünscht sich zwei von ihnen: einen Vaterkönig und einen Bruderkönig; sich selber als deren Tochter bzw. Schwester im psychoanalytischen Staat – 'Siegfried' ist übrigens ein Kind von *Geschwistern*, der Königskinder Siegmund und Sieglinde.

Jung als gewesener Geliebter (*die* Liebe), wie sie selber als gewesene Liebende, sind gestrichen aus dem Arrangement (in dem sie selber auch nicht vorkommt als *jetzige* Ehefrau und Mutter). Es herrscht Ordnung zwischen den Produktionssphären. (Abgründe.)

*

Institutionelle Liebe (3):Spirituelle Bräute.

Die verschiedenen Formen der Liebe im analytischen Prozeß zu einer institutionalisierten Arbeitsliebe umzubauen, wurde ein Verfahren entwickelt, das die Aufnahme in die psychoanalytische Institution zu so etwas wie dem Eintritt in einen Orden macht. Die Liebe in dieser Institution wird dadurch jener vergleichbar, die Angehörige anderer, z. B. religiöser Orden institutionell der Figur ihres spirituellen Herrn entgegenbringen. Als spirituelle Bräute Freuds haben sich nicht wenige Analytikerinnen verstanden, nicht nur solche der ersten Jahre. Die spirituelle Liebe erstrahlt bis jetzt, unverhohlen, an geeigneten Orten und in gegebenen Momenten zwischen Angehörigen der analytischen Tochterschaft. Sie zeigen eine Art Stolz auf diese Liebe.

Freud war einer der klugen Staatengründer, die wissen, daß 'spirituelle Herrn', die nicht über ausreichend Grundbesitz verfügen oder über ausreichend bankgestütztes Geld, die ihr Reich auf den Reichtum menschlicher Körper stützen müssen (die Körper sich emanzipierender Bürgertöchter der Jahrhundertwende in diesem Fall), diesen Töchtern institutionellen Schutz gewähren müssen vor sexuellen Zugriffen 'des Herrn' und seiner Stellvertreter.

Das ist nicht selbstverständlich für z.B. wissenschaftliche Institutionen. Eine junge Professorin einer kalifornischen Universität hörte ich kürzlich öffentlich dem Glück danken, nicht mit *jedem* Herrn, der am Erreichen des Zustands 'fest angestellte Professorin' (amerik. 'tenure') beteiligt war, Liebe gemacht haben zu müssen. Sexuell-despotische Wissenschaftsprimaten vertreiben im Endeffekt 'die Töchter'.

In der friedlicheren (staatengründenden) Version der Vaterökonomie verbindet sich der Vater mit den Töchtern nicht despotisch-sexuell, sondern entwickelnd-spirituell. Die Töchter bleiben ihm *erhalten* (ganz gegen die alte patriarchalische Verheiratungsweise) als große, vorher ungenutzte Schöpferkraft. Gesellschaftstheoretisch ist die Internationale Psychoanalytische Vereinigung, die Freud aufgebaut hat, ein Töchterstaat unter männlicher Oberherrschaft.

Die Kinderlosigkeit etlicher Analytikerinnen bis jetzt könnte als ein Zeichen dieses speziellen Tochterstatus angesehen werden. Kinderlosigkeit (oder die Beschränkung auf *ein* Kind) ist allerdings den meisten Frauen, die wissenschaftliche oder industrielle Karrieren mach(t)en, aufgezwungen. Sie hat aber eine besondere Bedeutung in einer Institution, zu deren Grundlagen die Erforschung der Kleinkindentwicklung gehört. Es hätte eine *Logik* gehabt, gerade Analytikerinnen zu eigenen Kindern zu ermutigen und entsprechende Bedingungen für sie in der Institution zu schaffen. Eine andere, stärkere (institutionelle) Logik steht dem entgegen.* *Tochter* einer Institution zu sein (bzw. Priesterin eines spirituellen Wissens) verträgt sich nicht gut mit Mutterfunktionen. Ich komme, im Zusammenhang mit Anna Freud, etwas später darauf zurück.

Es gibt also Liebesweisen, Heiratsweisen, Nichtheiratsweisen, Fortpflanzungsweisen und Nichtfortpflanzungsweisen, als deren Generator bestimmte Institutionen arbeiten, die dafür sorgen, daß Liebesaffekte nicht frei flottieren, sondern der Institution anverwandelt, umgebaut, nutzbar gemacht werden. Sie erzeugt Arbeits-, Lebens- und Liebesformen, die insbesondere die Sexualität der Angehörigen in Kräfte verwandeln, die die Institution am Laufen halten (oder: 'nähren').

Freud und Emma Jung.
Flaschenposten in zu tiefem Wasser.

Was haben Freuds wirkliche Frauenbeziehungen mit seinen theoretischen Konstruktionen zur Objektwahl zu tun? Was haben die Beziehungen dieser Frauen zu Freud mit den vier Typen 'weiblicher Objektwahl' zu tun, die Freud in seinem *Narzißmustext* aufstellt?

Die Beziehung Freuds zu Emma Jung, der Frau Carl Gustav Jungs, soll noch betrachtet werden, ehe ich eine Antwort versuche.

* *sie sorgt auch dafür, daß die Kinderanalyse nicht Pflichtbestandteil der analytischen Ausbildung wurde, was von der Theorie der Psychoanalyse her eine dringende Notwendigkeit gewesen wäre.*

Emma Jung stand als Frau des 'Kronprinzen' (und begeisterte Leserin Freudscher Texte) in einer institutionell-familial vorgegebenen Beziehung zu Freud ... es gab Korrespondenzen ... Besuche ... familiale Anteilnahme ... Anteilnahme am Wachsen der 'Vereinigung' ... Anteilnahme an der Freundschaft der beiden Gründermänner. Aber war es denn *Freundschaft*? Emma Jung konnte es am wenigsten entgehen, als es zwischen den beiden zu bröckeln begann. Sie ergriff den Moment dieser Wahrnehmung, ihre Beziehung zu Freud zu verändern. Aus dem Schatten des *male couples* tretend, zunächst als (noch auf die Männer bezogene) Vermittlerin, zeigt sie sich in einigen Briefen als eine ganz andere Figur, eine Art Liebende mit einem besonderen *Verständnis* für Freud, seine Lage, sein Alter, seine Lebensbedingungen.

Wie Freud darauf reagiert hat, will ich beschreiben.

Carl Gustav Jung hatte bei seinen Betrachtungen des Züricher Nachthimmels im Frühsommer 1911 (ob es da nicht Gestirne gäbe, auf die der große Freud seinen Namen noch *nicht* geschrieben hätte) einige merkwürdige Dinge gesehen, die *Natur der Libido* betreffend, die er am 12. Juni 1911 weiterleitet nach Wien. Anrede *Lieber Herr Professor!* Jung teilt Freud mit, daß er aus bestimmten Gestirnstellungen den 'Mutterkomplex' der Mutter einer seiner Patientinnen (an dem auch diese leide) exakt bestimmt habe. Das eröffnet ihm Perspektiven:

> Ich muß sagen, daß in der Astrologie eines Tages sehr wohl ein gutes Stück Wissens von Ahnungs wegen, das an den Himmel geraten ist, entdeckt werden könnte. Es scheint z. B., daß die Tierkreisbilder Charakterbilder sind, d. h. Libidosymbole, welche die jeweiligen typischen Libidoeigenschaften schildern.

Solchen Leberhaken in die Substanz der Psychoanalyse

würde auf Dauer auch mit der besten institutionellen Beinarbeit nicht auszuweichen sein, zumal Jung derartiges zu publizieren begann. (Adler, Stekel, Hitschmann, jedermann *in Wien* wäre achtmal hinausgeflogen aus Freuds Psychoanalysebau, wäre er mit so etwas aufgekreuzt.)

Noch hält der Zürich-Bonus ... aber es kracht im Gebälk.

Es gibt auch ein paar schöne Briefe im Freud/Jung-Briefband; mindestens zwei. Es sind die, die Emma Jung geschrieben hat in diesem Moment, sehr verschieden von den Briefen der Männer. Sie schafft, was die beiden 5 Jahre lang in knapp 300 Briefen nicht geschafft haben; ehrlich zu sprechen vom Verhältnis, das zwischen ihnen *herrscht*.

Taktische Einleitung –

Ich weiß zwar nicht recht, woher ich den Mut nehme, Ihnen diesen Brief zu schreiben, doch glaube ich sicher zu sein, daß es nicht aus 'Übermut' geschieht; sondern ich folge damit der Stimme meines Unbewußten, der ich schon so oft recht geben mußte ...

– besser, man kommt dem Herrn Professor mit seinem Lieblingsbegriff. Aber was sie dann schreibt, ist nur, was sie gehört und gesehen hat:

Seit Ihrem Besuche bei uns plagt mich nämlich die Idee, Ihr Verhältnis zu meinem Mann sei nicht ganz so, wie es könnte und sollte, und da das unbedingt nicht sein darf, möchte ich versuchen, soviel in meiner Macht steht zu tun. Ich weiß nicht, ob ich mich täusche, wenn ich denke, Sie seien in irgendeiner Weise nicht ganz einverstanden mit den 'Wandlungen der Libido'. Sie sprachen gar nicht davon, und ich glaube doch, es würde Ihnen beiden so gut tun, wenn Sie sich einmal ganz gründlich darüber aussprechen würden. Oder ist es etwas anderes? So sagen Sie mir doch, bitte, was, lieber Herr Professor; denn ich kann es gar nicht sehen, wenn Sie so resigniert sind, und ich glaube eben, daß Ihre Resignation sich nicht nur auf ihre wirklichen Kinder bezieht (es machte mir einen ganz besonderen Eindruck, als Sie davon sprachen), sondern auch auf Ihre geistigen Söhne; Sie hätten es ja sonst so wenig nötig, resigniert zu sein.

Carl Gustav wäre also ein *wirklicher* Grund, sagt sie. Und Freud, zu Besuch, hat sich nicht getraut, davon zu sprechen, sondern anstelle dessen gewisse Entwicklungen bei den *eigenen* Kindern beklagt.

Bitte fassen Sie meine Handlungsweise nicht als Zudringlichkeit auf und zählen Sie mich nicht etwa zu jenen Frauen, die, wie Sie einmal sagten, stets Ihre Freundschaften stören. Mein Mann weiß natürlich nichts von diesem Brief, und ich bitte Sie, ihn ja nicht dafür verantwortlich zu machen oder Ihn allfällige unangenehme Wirkungen auf Sie fühlen zu lassen.

Ich hoffe jedoch, Sie zürnen nicht Ihrer Sie sehr verehrenden
Emma Jung (30. 10. 1911)

– dünnes Eis, auf das sie sich begab. Aber da Freud das Thema selber angeschlagen hatte (Mathilde Breuer und Ida Fließ waren ihm Mitschuldige am Bruch seiner Zusammenarbeit mit den beiden Männern), mochte es halten. Heikel auch das weitere: 'eigene' und 'geistige' Söhne; Freuds 'Resigniertheit'; Carls Libido-Abweichungen.

In einem fast gleichzeitigen Brief schreibt Freud an ihren Mann, er, Freud, fühle sich ziemlich grantig, auch körperlich nicht wohl und hoffe nicht, ein mürrischer Greis zu werden: solche gehörten ohne Reue erschlagen.

Emmas Brief fiel auf günstigen Boden; das Eis hielt; Freud antwortete freundlich, ermutigt setzte sie nach.

Mein lieber Herr Professor,

Sie haben mich mit Ihrem schönen lieben Brief von bangen Zweifeln erlöst; denn ich hatte doch Angst bekommen, am Ende doch etwas Dummes angestellt zu haben (so etwas wie die Frauenangst Nr. 1; auch ihr erfolgreich eingebleut). Nun bin ich natürlich sehr froh und danke Ihnen von Herzen für die freundliche Aufnahme meines Schreibens und ganz besonders für die Zuneigung, die Sie uns allen schenken. [...] Wenn ich von den 'Wandlungen' sprach, so war es hauptsächlich darum, weil ich wußte, mit welcher Spannung Carl auf Ihr Urteil darüber wartete; er sagte schon vorher oft, Sie wären gewiß nicht einverstanden damit, und erwartete darum mit etwelcher Besorgnis Ihre Aussprache.

(– aus diesem Stückchen Verrat an Carl wird Freud in seiner Antwort den Vorwurf machen, auch *Sie* störe seine Männerfreundschaften.)

Natürlich ist das noch ein Rest des Vaterkomplexes (oder Mutter), der wahrscheinlich gerade in dieser Arbeit gelöst wird; denn eigentlich müßte Carl ja, wenn er etwas für richtig hält, um keine andere Meinung besorgt sein. Vielleicht ist es also eben gerade gut, daß Sie nicht sogleich reagiert haben, um ihn nicht in diesem Vater-Sohn-Verhältnis zu bestärken.

– ganz dünn, das Eis nun. Sie spricht als Deuterin, als Freud-Gleiche.

Den zweiten Grund gab mir das Gespräch am ersten Morgen nach Ihrer Ankunft, wo Sie mir von Ihrer Familie erzählten (= ohne Carl). Sie sagten da: die Ehe (mit Martha) ist längst amortisiert, jetzt gibt es nichts mehr, als – Sterben. Und die Kinder zieht man groß, und da machen sie einem erst recht Sorgen, und doch ist das die einzige Freude. Dies machte mir einen solchen

Eindruck und schien mir so bedeutungsvoll, daß ich immer wieder daran denken mußte und ich mir vorstellte, das sei eben gerade für mich bestimmt, weil es zugleich auch symbolisch gemeint sei und sich auf meinen Mann beziehe.

Seien Sie nicht böse, wenn ich* es wage, auch noch über den 'manifesten Inhalt' Ihrer Rede zu sprechen. Ich wollte schon damals fragen, ob Sie sicher sind, daß Ihren Kindern nicht mit Analyse geholfen werden könne. Man ist ja gewiß nicht ungestraft eines großen Mannes Kind, wenn man schon von gewöhnlichen Vätern solche Mühe hat loszukommen. Und wenn nun dieser bedeutende Vater gar noch Sinn für Patriarchismus hat, wie Sie ja selbst sagten! Gehörte nicht der Beinbruch Ihres Sohnes auch dahin? (Vow!) Sie sagten damals, als ich mich danach erkundigen wollte: Sie hätten nicht Zeit, die Träume Ihrer Kinder zu analysieren, da Sie Geld verdienen müßten, damit sie weiter träumen können. Glauben Sie, daß dieser Standpunkt richtig ist? Ich dächte eher, man *soll* gar nicht träumen, man soll leben (– 'der Jude ist für die Freude und die Freude ist für den Juden'). Bei Carl habe ich auch erfahren, daß der Imperativ 'Geld verdienen' nur ein Ausweichen vor etwas anderem, wogegen man Widerstände hat, ist. Bitte, verzeihen Sie mir diese Offenheit, die Sie vielleicht unverschämt finden, aber es stört mir Ihr Bild, weil ich mir das gar nicht recht mit Ihrem sonstigen Wesen in Einklang bringen kann und mir doch so viel daran liegt. – Es kam mir auch schon der Gedanke, Sie hätten vielleicht Ihren Sohn unsertwegen nicht nach Zürich geschickt zum Studium; einmal sprachen Sie doch davon, und für uns wäre es natürlich eine große Freude gewesen, ihn hie und da zu sehen.

* *'ich' steht in der Buchausgabe in eckigen Klammern, hinzugefügt vom Herausgeber. Emma Jungs analytische Hand hat nicht gewagt, 'ich' zu schreiben an dieser Stelle.*

Weiter ist es auch Ihre Resignation in der Wissenschaft, wenn man so sagen kann, die ich anführen muß. Sie können sich denken, daß ich durch das Vertrauen, das Sie zu Carl haben, erfreut und geehrt bin, aber es will mir fast scheinen, als gäben Sie manchmal zu viel; sehen Sie nicht in ihm mehr als nötig den Nachfolger und Vollender? Schenkt man nicht oft viel, weil man viel behalten will?

Warum denken Sie jetzt, statt den wohlverdienten Ruhm und Erfolg zu genießen, schon ans Abgeben? Vielleicht um den richtigen Moment dazu nicht zu versäumen? *Ihnen* wird das sicher nicht passieren. Jetzt sind Sie doch noch nicht so alt, um schon vom 'Weg der Regression' zu sprechen; und mit all diesen großartigen und fruchtbaren Ideen, die Sie im Kopf haben! Und überhaupt, wer den Jungbrunnen der PsA. entdeckt hat (oder glauben Sie nicht, daß es einer ist?), der altert nicht so geschwind (– es müßte ihm das Herz durchbohrt haben).

Nein, Sie sollen sich freuen, und nachdem Sie solange gekämpft haben, das Glück des Siegers ganz genießen. Und denken Sie an Carl nicht mit dem Gefühl des Vaters: 'Er wird wachsen, ich aber muß abnehmen', sondern als Mensch an einen Menschen, der gleich Ihnen sein eigenes Gesetz erfüllen muß.

Zürnen Sie nicht.

In herzlicher Liebe und Verehrung

Ihre Emma Jung (06. 11. 1911)

Diese Lektion in Psychoanalyse und im Schreiben klarer Briefe, erteilt aus Verbundenheit, hat Freud nicht annehmen können. Sie hat ihm den Bogen überspannt.

Irgendwann von irgendwoher, meist aus einer besonderen *Nähe*, kommt diese Frauenstimme im Leben vieler Männer, die eine Wahrheit erzählt, Wahrheit aus genauer Aufzeichnung; dieselbe, die aus den Flaschenposten Else Lasker-Schülers klingt, die Benn vorbeischwimmen läßt auf seinem Weg zu einer 'Spitze'. Die Männer mit Granaten in den Ohren, den Detonationen der Kriege, in die sie verstrickt sind und taub vom Nachhall des eigenen Beitrags, können so etwas nicht hören.

Was vorgeht zwischen ihrem Mann und Freud, ihrem Mann und ihr und ihr und Freud, zwischen den beiden Männern und der Vereinigung, der sie vorstehen; daß Freud eine 'amortisierte Ehe' (seltsamer amor in dem Wort) mit der Weiterentwicklung der PsA beantworten müßte, wenn diese Ehe nicht zu restituieren sein sollte, statt mit Nachfolgerängsten, statt im fiktiven Königreich der Psychoanalytiker den alternden Herrscher abzugeben, der nachts nicht schläft aus Furcht vor den Gelüsten seiner Urhordensöhne*, die Sache mit dem Libidobegriff, Beinbrüche der eigenen Kinder, und daß das Glück eines 'Siegers', das diesen Namen verdiente, im Genießen läge (lauter Dinge, über die Freud sich gefreut hätte, hätte er selbst sie sich gesagt).

Dieser merkwürdige Widerspruch: auf der einen Seite zu sagen, jetzt bliebe nur noch – Sterben (wie Freud es der lebendigen Emma Jung sagt), und auf der anderen Seite um jedes Schnipselchen Boden in der IPV, gegen die 'Abweichungen' im Denken der Freunde bis zum äußersten zu kämpfen ... Ausschlüsse ... Koalitionen ...: der Briefwechsel mit Jung ist ein über viele Seiten quälend zu lesendes Protokoll der Kulissenintrigen ... paranoider Adler in Wien ... homosexueller, unappetitlicher Hirschfeld in Berlin ... nur gut, daß sie gehen –

– wozu all das, wenn nichts als ein (etwas stumpfer) Tod am

* *Freud schreibt, statt nachts zu schlafen, natürlich an 'Totem und Tabu', einem der Begleittexte zu den internen Machtkämpfen der Internationalen Psychoanalytischen Vereinigung. Ethnologen war dieser Text immer 'bodenlos'.*

Ende des amortisierten Lebens wartet, den man 'resignierend' empfängt? Wozu? Daß eine kleine Spritze Leben dem 'lieben Professor' not täte – und, wenn nötig und gewünscht, warum nicht auch von ihr und durch sie: Emma Jung schämt sich nicht, derart offen zu sein (sie beklagt sich nicht direkt über Carl; das tut sie erst im nächsten Brief), aber man spürt, sie ist nicht tätig geworden als Diplomatin für die Belange des Ehemanns. Die Befürchtung, Freud zu verlieren, geht ihr näher als die Befürchtung, Carl würde von Freud nicht angemessen behandelt.

Emma Jungs Intervention erreicht das Gegenteil des Beabsichtigten. Freud entfernt sich rapide (brieflich) von ihr und nähert sich Carl Gustav. Ein lauwarmes Lob der *Wege und Wandlungen der Libido* wird nachgeschoben – 'das Beste, was der hoffnungsvolle Autor bis jetzt von sich gegeben hat' – teilt Freud dem Freund sechs Tage nach Emmas Brief mit; nicht nur die Unwahrheit sagend, sondern die Vater-Sohn-Schraube mit dem 'hoffnungsvollen Autor', die Emma gerade lockern wollte, ins Unerträgliche anziehend; aber der Bruch ist noch einmal aufgeschoben für zwei Jahre.

Sie bekommt ebenfalls einen Brief (den wir nur aus ihrer Antwort kennen), und zwar gleichzeitig mit Carl Gustav. Beide, Emma und Carl, schreiben ihre Antwort wieder am selben Tag, dem 14. November, wobei zumindest Carl nichts von Emmas Schreiben weiß. Einiges, was Freud geschrieben hat, läßt sich Emma Jungs Antwort entnehmen.

Lieber Herr Professor! Küsnach, d. 14. Nov. 1911

Sie haben sich gewiß recht geärgert über meinen Brief, nicht wahr? Ich nämlich auch und bin daher jetzt wieder von meinem Größenwahn geheilt und frage mich, aus was für einer Teufelei des Unbewußten gerade Sie das Opfer dieses Wahns werden mußten. Und da muß ich Ihnen nun, wenn auch sehr ungern, wirklich recht geben: mein letzter Brief, besonders der Ton desselben, galt wirklich der Vaterimago, der natürlich Furchtlosigkeit bewiesen werden sollte.

– sie hätte an die Vaterimago geschrieben? Mit keinem Wort, und wenn man den Brief einhundertmal liest; auch deshalb habe ich ihn so ausführlich zitiert: als Gegenstand dieser auf dem Fuß folgenden Freudschen Diagnose. Wenn an eine 'Imago', dann an die eines bewunderten Freundes oder Liebhabers. Daß der berührte Mann darauf mit *Deutungen* antwortet, überrascht nicht unbedingt; aber Freud tut mehr: das, was er selber getan hat im Schreiben an C. G. Jung, nämlich seine Vaterimago zu stärken und zu erhöhen, unterschiebt er Emma Jung, die möglicherweise die einzige war in diesen Jahren, die ihn *nicht* in dieser Figuration angeschrieben hat. Zum Ritt über den Bodensee hatte er sie ermuntert; sie war mit einem freudigen *Mein* lieber Professor (das hier wieder fehlt) und einem öffnenden Komma nach der Anrede losgeritten; das Eis hielt, es schien sogar kein Eis zu sein. Nun läßt er sie, sie ritt zu nahe, einbrechen, und sie (folgsam) bereut und bereut, nimmt alles zurück ... zurück in die Position der gelehrigen Tochter, die sie *verlassen* hatte ... einmal mehr *Der Zauberlehrling*, weibliche Version, November 1911:

Nachdem ich so lange überlegte, bevor ich Ihnen schrieb, und meine Motive vollständig zu durchschauen glaubte, hat mir nun das Unbewußte doch noch einen Streich gespielt, und zwar mit besonderem Raffinement: denn Sie können sich denken, wie es mich freut, mich gerade vor Ihnen zu blamieren. Ich kann jetzt nur bitten und hoffen, daß Ihr Urteil nicht zu scharf ausfalle.

– das vorwitzige Haupt gelegt auf den Richtblock seiner Begriffe; und in

Sigmunds Hand wird das 'Unbewußte' zum Zauberstab; alles rückt an seinen Platz. Er muß darin gebadet haben wie Siegfried im Drachenblut. Aber Emma ist nicht Kriemhild, einen Hagen loszuschicken auf die Stelle(n) mit dem Lindenblatt, die sie gesehen hat. *Mea Culpa*, daß ich etwas gesehen habe, sagt sie, da war gar nichts. *Fehlgeschossen* habe sie auch mit ihren Bemerkungen zum Verhältnis der beiden Männer und weitere klassische Einsichtssätze voreiliger Analysanden, die selber keck genug zu einer Deutung des Analytikers waren:

Ich sehe also ein, daß ich etwas aus meiner nächsten Nähe in das ferne Wien verlegt habe, und ärgere mich, daß man das nächste immer am schlechtesten sieht. Ganz mißverstanden haben Sie mich auch in meinem allerdings unbefugten Dreinreden in Ihre Familienangelegenheiten. Einen Schatten auf Ihre Kinder werfen, das wollte ich wahrhaftig nicht. Daß sie gut geraten sind, weiß ich und habe nie im mindesten daran gezweifelt. Ich hoffe, Sie glauben nicht ernstlich, ich hätte sagen wollen, sie seien 'verpflichtet, degeneriert zu sein'. (– das ist nun ein Freud*zitat*). Ich habe nichts geschrieben, was auch nur entfernt das heißen könnte. (– Und hat sie nicht; steht aber mit dem Rücken an allen Wänden und baut die Brücke zur unerlaubten Idee, körperliche Krankheiten bei Freuds Kindern könnten auch *psychisch* bedingt sein; baut die Brücke mit dem, was ihr noch bleibt, dem eigenen, neurotischen, Körper:) Nachdem ich an mir in dieser Beziehung sehr erstaunliche Erfahrungen gemacht habe und mich doch nicht für allzu degeneriert halte oder ausgesprochen hysterisch zu sein glaube, hielt ich ähnliche Phänomene bei anderen Menschen auch für möglich (= genau Freuds eigenes Verfahren). Ich bin Ihnen dankbar, wenn Sie mich darüber eines besseren belehren.

– so massiv und aggressiv muß Freud in seinem Brief gewesen sein, daß Emma Jung nicht umhin kann, ihn als den (obligaten) Hysterievorwurf an unfolgsame oder sexuelle Frauen aufzufassen. Irgendwo unausrottbar immer im Spielplan ... *The Taming of the Shrew.*

Bald wird Freud schreiben, daß der Zustand von Liebe/Verliebtheit einer der neurotischen Verkennung wäre. Emma Jungs Briefe in der Schublade hätten ihn vom Gegenteil überzeugen können: daß eine liebende Anteilnahme klarsichtig mache.

Freud antwortet mit Deutungen und Hysterieverdacht; sie tritt, ernüchtert, zurück in die *Reihe* seiner *nicht-hysterischen* Schülerinnen, zurück mit einer Formulierung, die ihre Sprachkraft und Wahrheitsfähigkeit insofern enthält, als die Sätze für eine Präambel zum Grundgesetz der glückbringenden Unterwerfung unter Meister bestens geeignet wären:

Dafür, daß Sie es der Mühe wert halten, sich über Ihr Persönlichstes mit mir auseinanderzusetzen, danke ich Ihnen herzlich. Was Sie mir darüber sagen, klingt so überzeugend, daß ich es wohl glauben muß, wenn sich auch manches in mir noch dagegen sträubt. Ich muß aber zugeben, daß Sie die Erfahrung haben und ich nicht und ich Ihnen infolgedessen keine überzeugenden Entgegnungen mehr machen kann. Eins haben Sie aber ganz richtig erkannt: daß nämlich das Ganze trotz allem und allein doch nur eine verkappte Huldigung ist, deren ungeschickte Einkleidung Sie verzeihen wollen.

Übrig die Erkenntnis, aus dem (mit falschem Kitt gekitteten) Männerpaar Freud/Jung gänzlich hinausgeflogen zu sein, unter die Frauen versetzt, die Freuds Freundschaften stören. Letzter Satz des Briefs:

Bitte, schreiben Sie auch Carl nichts davon; es geht mir so schon schlecht genug.

Überwältigt von den Seufzern des Häufchens Elend schickte Freud eine Dosis Trost, bedankt von der Empfängerin am 24. November:

Mein lieber Herr Professor!

Haben Sie herzlichen Dank für Ihren Brief. Zu Ihrer Beruhigung kann ich Ihnen sagen, daß ich nicht immer so verzagt bin, wie in meinem letzten Brief; dort fürchtete ich eben, Sie seien mir böse oder hätten nun eine üble Meinung von mir, und das machte mich so niedergeschlagen, ganz besonders weil damit mein Hauptkomplex getroffen wird (= verzagt sein aus eigener schlechter Meinung von sich. Sie hat aber nur ein Übermaß von Empfindungen an Stellen, an denen Männer meist anästhetisch sind: in der Selbstwahrnehmung und in der Wahrnehmung der eigenen Abhängigkeit von der Liebe anderer). Für gewöhnlich bin ich auch ganz einig mit meinem Schicksal und sehe vollkommen ein, wie gut ich es habe, aber von Zeit zu Zeit plagt mich der Konflikt, wie ich mich neben Carl zur Geltung bringen könne; (jetzt liegt sie, wo sie soll, auf einer Couch:) ich finde, daß ich keine Freunde habe, sondern daß alle Menschen, die mit uns verkehren, eigentlich nur zu Carl wollen, außer einigen langweiligen und mir gänzlich uninteressanten Leuten.

Die Frauen sind natürlich alle verliebt in ihn, und bei den Männern werde ich als Frau des Vaters (C. G. als Vater der Züricher Analytiker) oder Freundes sowieso sofort abgesperrt. Ich habe aber doch das starke Bedürfnis nach Menschen, und Carl sagt auch, ich dürfe mich nicht mehr wie bisher nur auf ihn und die Kinder konzentrieren, aber wie soll ich das nur machen? Bei meiner starken Neigung zum Autoerotismus ist es sehr schwierig, es ist aber gewiß auch objektiv schwer, da ich ja niemals mit Carl konkurrieren kann.

Sie führt die Klage, daß Carl alle Frauen des Vereins habe, sie aber habe nur Carl, und Carl habe sie eben nicht oder kaum, weil Carl derjenige ist, der in seinem Töchterstaat die Trennung zwischen spirituellen Geliebten und sexuellen Geliebten nicht aufrecht erhält, wie Freud das zu tun sucht. Sie aber, als Frau des Königs, sei für die andern Männer tabu (für Freud wäre sie nicht unbedingt tabu gewesen). Freud hat dies sicher mitschwingen hören, es steht ja auch so, dieser letzte unterstreicht es, als sexuelles Begehren in Emma Jungs Briefen. Über ihr weiteres Züricher Leben weiß ich nichts und lasse hier eine Lücke.

Möglich, daß Freud die besondere Mischung von Emma Jungs Annäherung die ganze Zeit über spürte und für sich ('eine Züricher Krankheit') verwarf. Möglich auch, daß Emma Jung (aus Anlehnungsgründen ... falsche Backenknochen ... Zähne) sowieso nicht 'in Frage' kam. Die Schlußzeilen dieses Briefes von Emma sollten jedenfalls die letzten bleiben, die zwischen Ihnen getauscht wurden: Wollen Sie mir raten, lieber Herr Professor, und wenn nötig, auch etwas den Kopf waschen? Ich bin Ihnen für Ihre Teilnahme so dankbar. Mit herzlichsten Grüßen ... das wollte Freud nicht, Emma Jung raten, wie mit Carl Gustavs Sexualität umzugehen sei.

*

Emma Jung fällt auf ihren Platz als 'Mitgegrüßte' am Ende der Briefe zurück. Freud *will* nichts mit ihr hervorbringen/produzieren. Ihr Angebot, ihn von einem paranoid-resignativen Herrscher in einen Menschen zu verwandeln, der die Früchte seiner Arbeit (und vielleicht eine neue Liebe) genießt, wird ganz bewußt und betont zurückgewiesen in den gleichzeitigen Briefen, die Freud an Carl Gustav Jung schreibt – klarstellend, wo *das Paar* hier ist und was für ein Paar das ist, ein gebärendes nämlich. Genau in den zwei Briefen, die Freud an Jung nach Emmas schönem Brief vom 6. November schreibt (14. und 16. November) ist von Geburten die Rede:

Lieber Freund,
Ich freue mich, Ihnen mitteilen zu können, daß die neue psa Zeitschrift (d.i. 'Imago') gestern zwischen mir, den Redakteuren Sachs und Rank und dem Verleger Heller in Wien zustande gebracht worden ist. Die erste Nummer soll Mitte März 1912 erscheinen. Ich rechne auf Ihr Wohlwollen für das Neugeborene und auch auf Ihre Unterstützung. Denn auch sie gehört zu den Gütern, die ich Ihnen einmal hinterlassen will.

– letzter Satz als Beschwichtigung der (zu recht) unterstellten Eifersucht Jungs, daß Freud in Wien noch andere Paare unterhalte. Mannmännliche Produktionssexualität schlägt heterosexuelle Verführungen (Beziehungen zwischen Meistern und 'Töchtern' zumal).

Zwei Tage später eine Verstärkung der Notwendigkeit von Geburtsarbeit und eine weitere Beschwichtigung Jungs, der sich über die Erhebung Ranks zum Redakteur (= Konkurrenten Jungs, der das 'Jahrbuch' herausgibt) beschwert hat:

An Ranks Erhebung zum Redakteur verlieren Sie doch nichts. Wenn er etwas rein psa macht, wird er's doch ins 'Jahrbuch' geben, und seinen 'Lohengrin' z.B. hätten Sie doch nicht aufnehmen können. Übrigens sollen 'Jahrbuch', 'Zentralblatt' und das Neugeborene nicht drei verschiedene Individuen, sondern ebenso viele verschiedene Organe eines biologischen Individuums sein.

– das ist (Emma liest ja Freuds Briefe an Carl Gustav mit), was sie auf dem Umweg über ihren Mann zur Antwort bekommt: daß sie Freuds Äußerung von der 'amortisierten Ehe' nicht zu übersetzen berechtigt sei in: er suche eine andere Frau oder Liebe; er sei vielmehr *very busy giving birth*. Sie gebären die verschiedenen Organe eines Wesens, das Freud (Emmas Gedanken zu seinen ge- oder mißratenen Kindern, die er mit Martha hat, hinwegwischend) ein *biologisches Individuum* nennt. Er ist nicht *fertig* mit dem Kinderzeugen und dem Finden von Liebespartnern. Ein analytisches Paar & 1 Verleger in Wien gebären *Imago*, Kind einer *besonderen* Ordnung. Diese zwischen den Ordnungen *springende* Frau in Küsnach, mit deren Mann Dr. Jung er *Jahrbuch* zeugte und gebar, der er (selber ein bißchen zwischen den Ordnungen *schwankend*) zuviel Einblick gewährte in sein *anderes* Leben, kann nicht sehen, daß diese Babies ganz anständig krabbeln, daß da *das* Leben doch ist, das sie in ihm vermißte.

Freuds 'Libido' hat Beziehungen zu Objekten *ganz verschiedener* Art in ganz verschiedenen Ordnungen des Lebens.

Eine liebestaktische Entscheidung: die Kinder *Zentralblatt*, *Jahrbuch* und *Imago* müssen zumindest aus dem Krabbelalter raus sein, ehe die Liebe zu Jung, der wichtigsten Mit-Mutter, gekündigt werden kann.

*

Freud 1914. Zur Einführung des Narzißmus.
Vier 'weibliche' Objektwahlweisen.

Freuds Aufsatz 'Zur Einführung des Narzißmus' von 1914 ist ein merkwürdiges Zwitterwesen unter seinen Texten; das hat mit den vielen Funktionen zu tun, die dieser Text im Moment seines Erscheinens zu erfüllen hatte. Er beschränkt sich nicht, wie andere Texte, auf die Neueinführung bestimmter Begriffe, auf die Erweiterung psychoanalytischer Theorie und Technik, sondern führt einen Mehrfrontenkampf.

Es ist der Text, der auf den Bruch mit der Züricher Gruppe um Jung und auf den Austritt der Wiener Gruppe um Adler aus der IPV reagieren muß und will, und der zugleich, gegen die Angriffe Jungs, den Begriff, den Freud für das Zentrum der PsA hält, den Libidobegriff, retten soll; Jung hat geschrieben, die Libidotheorie wäre bekanntlich nicht haltbar und Freud selbst sei längst von ihr abgerückt.

Freud dementiert vehement und kontert mit der Einführung eines neuen Begriffs, nämlich des primären Narzißmus des Kleinkindes, der in diesem Kontext vor allem die Funktion hat, die 'Libido' als Kernbegriff der PsA zu stützen.

Der erste Teil des Narzißmus-Textes ist so etwas wie die fällige Abrechnung mit den verschiedenen Fehlern aller vorhandenen psychiatrischen Richtungen und mit den Irrtümern der von den Freudschen abweichenden psychoanalytischen Linien, äußerst kompliziert und glänzend gefochten (eine einzige Hilfsfigur wird von Freud in diesem Kampf nach allen Seiten akzeptiert: Sandor Ferenczi); ansonsten sucht er den Sieg durch Hervorziehen einer neuen Figur aus den Kulissen; eine Figur, die er in diesem Text als *His Majesty, the Baby* präsentiert. (Hüter des beinah verlorenen Schatzes Libido.)

Dies Baby mit seinem 'primären Narzißmus' einerseits und mit seinem Drang zur Wiederholung früher Befriedigungserlebnisse andererseits steuert den Liebesbegriff, den Freud in diesem Text entwirft, indem er nämlich sagt, die sexuellen Triebe seien von den Selbsterhaltungstrieben abgeleitet und würden sich erst später selbständig machen; es gäbe keine Liebe, die nicht infantile Vorbilder wiederhole; Objektwahl nach dem Anlehnungstypus und Objektwahl nach dem narzißtischen Typus beschreiben genau diese beiden Seiten der möglichen Wahl seiner Majestät.

Es geht um psychische Besetzungsenergien. Infantile Libido besetzt äußere Objekte oder nimmt den eigenen Körper zum Liebesobjekt. Damit ist ein großes Spektrum abgedeckt, wenn nicht das ganze ('die Welt'); darum geht Freuds Krieg hier, und dazu reichen ihm die 2 Objektwahlweisen, die er ins Feld führt.

Der Krieg hat eine Reihe von Nebenschauplätzen oder, vielleicht besser, eine Reihe verdeckter, nicht ohne weiteres sichtbarer Kampfgründe. Wenn Freud sagt, er habe den Typus der narzißtischen Objektwahl besonders bei 'Perversen und Homosexuellen' gefunden, aber kein Wort dazu, warum und in welcher Weise deren Arten der Objektwahl als 'narzißtisch' zu gelten hätten, dann bezieht sich das auf die ganze ungeklärte Diskussion um den Zusammenhang von Paranoia und Homosexualität (ist der Präsident Schreber ein verdrängender Homosexueller? Welcher Art wäre seine 'Perversion' sonst? Welche Art Libido ist in solchen Fällen am Werk? Jung hat behauptet, keine sexuelle; usw.).

Der in der *Einführung des Narzißmus* in die psychoanalytische Theorie eingeführte NARZISS hat eine Menge von Feldern zu beackern, hat für viele Figuren und Risse im System zu stehen, Freud ist das bewußt, er kann nicht alle Fugen kitten, nicht alle stürzenden Wände stützen. Die Ruhe, die er bräuchte zu einer sorgfältigen Entfaltung der neuen Begriffe, ist ihm nicht gegeben in dieser Kavallerieattacke zur Rettung der Libido und zur strategischen Zurechtweisung seiner abtrünnigen Schulen. Der Text kämpft ums theoretische wie praktische Überleben der Psychoanalyse, um den Erhalt der zentralen analytischen Begriffe (im Hintergrund um den Erhalt der analytischen Institutionen, die sich in den zurückliegenden Jahren an verschiedenen Stellen der Welt zu bilden begonnen haben, verbunden durch die Klammer der Zeitschriften).

Freud relativiert entsprechend seine Setzungen; es ist wieder einmal der Moment, die Anhänger der Psychoanalyse daran zu erinnern, daß all unsere psychologischen Vorläufigkeiten einmal auf den Boden organischer Träger gestellt werden sollen. Es wird dann wahrscheinlich, daß es besondere Stoffe und chemische Prozesse sind, welche die Wirkungen der Sexualität ausüben. [...] Dieser Wahrscheinlichkeit tragen wir Rechnung, indem wir die besonderen chemischen Stoffe durch besondere psychische Kräfte substituieren. (Daß Liebe ein Geruch sei, sagen – immer wieder – chemische Experimente; das überrascht nicht; natürlich haben die verschiedenen Psychoklassen ihre verschiedene Chemie, und Anlehnler wissen genau, wen sie riechen können und wen nicht; jeder Hund riecht die *Psyche* des Menschen an seinem Schweiß; die Chemie der *Libido* klärt das nicht, immer noch nicht.)

Substitute/Vorläufigkeiten/Sicherheiten in schnellem und dauerndem Wechsel. Ein Absatz widerruft oder schränkt ein, was der vorige aufgestellt hat, etwa wenn Freud die gerade eingeführte Unterscheidung zwischen den verschiedenen Arten der Objektwahl wieder aufhebt, indem er den Satz einschiebt, 'daß jedem Menschen beide Wege zur Objektwahl offenstehen, wobei der eine oder der andere bevorzugt werden kann.' Auch dafür gibt es keine Begründung im weiteren Text. Die Objektwahl nach dem Anlehnungstypus, die autoerotische Selbstbesetzung, der primäre Narzißmus und die als gestört anzusehende narzißtische Selbstbesetzung bleiben schließlich ungeklärt voneinander im Raum stehen, außer daß die gestört narzißtische atmosphärisch mit 'Homosexuellen und Perversen' und, drittens, mit Frauen in Verbindung gebracht wird.*

* *von Lacan bis Kernberg macht jeder Analytiker mit dem Narzißmus-* ⇝

Ich betone dies merkwürdige, für Freud ungewöhnliche Verebben der Argumentation, weil es zwei Seiten einleitet, zwei Seiten, auf denen Freud über weibliche Liebeswahl spricht, auf denen er überhaupt nichts mehr zu belegen sucht, sondern nur noch rasant ist.

Die Behauptungen zur weiblichen Liebeswahl, die Freud hier aufstellt, sind oft kritisiert worden, angeführt für seine Art der Verkennung der Frauen, seine Ahnungslosigkeit, wenn nicht Bösartigkeit. Mir erscheinen sie (liest man sie als ebenfalls strategisch bestimmt) in einem etwas anderen Licht: als Ausführungen, die Freuds Frauenpolitik *jenes Moments* enthalten (wie die Entwürfe kommender Momente); Sätze, die weniger 'Analyse' sind, sondern Setzungen: die Wünsche, Erwartungen aussprechen an Frauen und Arten von Frauen, die für Freud und die Psychoanalyse von Bedeutung waren in diesem Moment und bis zu diesem Moment.

'Die Vergleichung von Mann und Weib', setzt Freud ein, zeigt,

daß sich in deren Verhältnis zum Typus der Objektwahl fundamentale, wenn auch natürlich nicht regelmäßige, Unterschiede ergeben. Die volle Objektliebe nach dem Anlehnungstypus ist eigentlich für den Mann charakteristisch.* Sie zeigt die auffällige Sexualüberschätzung, welche wohl dem ursprünglichen Narzißmus des Kindes entstammt und somit einer Übertragung desselben auf das Sexualobjekt entspricht. Diese Sexualüberschätzung

text, was er will und jeder will etwas (sehr) anderes; er gilt als einer der wichtigsten der psychoanalytischen Literatur. Freud hat ihn vollgestopft und alle wichtigen Punkte im Undeutlichen gelassen; der Text lädt ein, gelesen *zu werden.*

* *wie der Begriff 'volle Objektliebe' selbst sichtlich einen geschwollenen Phallus transportiert.*

gestattet die Entstehung des eigentümlichen, an neurotischen Zwang mahnenden Zustands der Verliebtheit, der sich so auf eine Verarmung des Ichs an Libido zugunsten des Objektes zurückführt. Anders gestaltet sich die Entwicklung bei dem häufigsten, wahrscheinlich reinsten und echtesten Typus des Weibes (– drei adjektivische Warntafeln aufgestellt in dem Satz vorm Folgenden). Hier scheint mit der Pubertätsentwicklung durch die Ausbildung der bis dahin latenten weiblichen Sexualorgane eine Steigerung des ursprünglichen Narzißmus aufzutreten, welche der Gestaltung einer ordentlichen, mit Sexualüberschätzung ausgestatteten Objektliebe ungünstig ist. Es stellt sich besonders im Falle der Entwicklung zur Schönheit eine Selbstgenügsamkeit des Weibes her, welche das Weib für die ihm sozial verkümmerte Freiheit der Objektwahl entschädigt. Solche Frauen lieben, streng genommen, nur sich selbst mit ähnlicher Intensität, wie der Mann sie liebt.

Freud hat weiter vorn im Text Jung vorgeworfen, jener erlasse, was die Libido angehe, nichts als Dekrete. Wer das besser kann, soll hier nicht entschieden werden. Es sind aber nicht *nur* Erlasse bei Freud. Im vorletzten Satz beispielsweise ist in der etwas verkümmerten Formulierung von der 'sozial verkümmerten Freiheit der Objektwahl' der Gedanke angetippt, Frauen würden die 'volle Objektliebe' nicht entwickeln, weil sie gar nicht wählen durften, sondern gewählt oder gehandelt wurden. Die größere 'Selbstliebe' der Frauen wäre also eine logische Folge dieses gesellschaftlichen Zustands; 'Narzißmus' als Protest gegen Verheiratungsformen der Vätergesellschaft. Dies nebenbei hingeworfene, gesellschaftskritische Argument ist wahrscheinlich wahrer als die psychologischen Spekulationen des Absatzes.

Auf *die* Wahrheit ist Freud aber hier nicht aus. Warum *will* Freud in den psychoanalytischen Konstruktionen den Frauen die volle Liebesfähigkeit 'des Objekts' absprechen?

Sie seien nicht fähig zur Sexualüberschätzung des Objekts; gut (– weil die Männer nicht danach sind, könnte man hinzufügen; was der höfliche Freud nicht tut).

Sie seien in den eigenen Körper verliebt, in die Ausbildung der bis dahin latenten Sexualorgane während der Pubertät; – will er sagen, sie seien verliebt in ihr monatliches Ei, in ihre Brüste, in die sich belebenden Schleimhäute der Vagina? Wäre da nicht die erzwungene negative Besetzung der Menstruation (= Verwundung) bei so vielen Mädchen, wäre das möglich. (Steckt vielleicht auch ein Kommentar zu Emma Jungs Eingeständnis eines 'starken Autoerotismus' in den Sätzen? Freud schreibt ja von Sachen, die vorkommen, von Frauen, die er *kennt*; nicht wie Weininger *and those guys* nur Männerphantasien.)

Aber einen umfassenden, über Andeutungen und Mutmaßungen hinausgehenden vernünftigen Sinn entfalten die Sätze erst dann, wenn man sich vor Augen hält, an welche Frauen Sätze über die Liebesarten der Weiblichkeit in einem Freudschen Text 1914 gerichtet waren: das sind (und zwar fast ausschließlich) die Frauen der psychoanalytischen Vereinigung. Und diesen legt der Freudsche Text Liebesformen *nahe*, wenn er fortfährt:

Ihr Bedürfnis geht auch nicht dahin zu lieben, sondern geliebt zu werden, und sie lassen sich den Mann gefallen, welcher diese Bedingungen erfüllt. Die Bedeutung dieses Frauentypus für das Liebesleben ist sehr hoch einzuschätzen.

– zumindest spürt man, daß Freud Frauen *dieses Typus* sehr

hoch einschätzen würde. Freud sagt hier (gewissen Frauen des Vereins), besondere sexuelle Aktivitäten lägen nicht in ihrer *Natur.* Sie ließen sich einen Mann *gefallen*, der bestimmte Bedingungen erfüllt, d.h., der sie genügend bewundert. Es ist klar, daß das nicht die Ideologie ist, aus der 'normale Ehen' gebaut werden. Es ist zwar nicht gerade ein Eheverbot ausgesprochen in den Sätzen, aber der deutliche Appell an die Frauen des Vereins, vom Vollen-Objektliebe-Typus, sollten sie ihn im Sinn haben, nicht allzu viel zu erwarten; sich auf das Geliebt-*Werden* zu verlassen.

Für Frauen und Männer, die von der unausrottbaren Sünde, gedruckte Sätze, die sie lesen, auf *sich* zu beziehen, nicht frei sind und die an so einer Stelle ein gewisses Mißvergnügen mit den für sie in Aussicht gestellten Liebesbeziehungen hätten entwickeln können, schiebt Freud auf der Stelle ein großes Bonbon nach:

Solche Frauen üben den größten Reiz auf Männer aus, nicht nur aus ästhetischen Gründen, weil sie gewöhnlich die schönsten sind, sondern auch infolge interessanter psychologischer Konstellationen. Es erscheint nämlich deutlich erkennbar, daß der Narzißmus einer Person eine große Anziehung auf diejenigen anderen entfaltet, welche sich des vollen Ausmaßes ihres eigenen Narzißmus begeben haben und sich in der Werbung um die Objektliebe befinden; der Reiz des Kindes beruht zum guten Teil auf dessen Narzißmus, seiner Selbstgenügsamkeit und Unzugänglichkeit, ebenso der Reiz gewisser Tiere, die sich um uns nicht zu kümmern scheinen, wie der Katzen und großen Raubtiere, ja selbst der große Verbrecher und der Humorist zwingen in der poetischen Darstellung unser Interesse durch die narzißtische Konsequenz, mit welcher sie alles ihr Ich Verkleinernde von ihm fernzuhalten wissen. Es ist so, als beneideten wir sie um die Erhaltung eines seligen psychischen Zustandes, einer unangreifbaren Libidoposition, die wir selbst seither aufgegeben haben. Dem großen Reiz des narzißtischen Weibes fehlt aber die Kehrseite nicht; ein guter Teil der Unbefriedigung des verliebten Mannes, der Zweifel an der Liebe des Weibes, der Klagen über die Rätsel im Wesen desselben hat in dieser Inkongruenz der Objektwahltypen seine Wurzel.

(– am Ende etwas vergiftet, das Bonbon, wie Märchenbonbons sind.) Von den schönen und intellektuell entwickelten Frauen (die sich der Psychoanalyse zugehörig fühlen), sollen die ihnen zugehörigen Männer keine besondere Liebe erwarten (vor allem sexuell nicht), sondern ein notwendiges Unbefriedigtsein in Kauf nehmen; es werde durch das Bewußtsein, mit exzeptionell schönen oder klugen Frauen zu leben, ausgeglichen, sagt der Text.

Männer lieben Frauen (objekthaft) und Frauen sich selbst (narzißtisch) heißt letztlich aber: *beide* Geschlechter lieben Frauen, wenn auch nicht auf gleiche Weise – und deshalb klappt es nicht so gut zwischen Frauen und Männern. Ich weiß, daß Freud das nicht sagen will und kenne auch keine Frau, die ihn so hätte lesen wollen; aber er *sagt* es.

Die ersten beiden Typen der narzißtischen Objektwahl, die Freud aufstellt, a) lieben, was man selbst ist (sich selbst) und b) was man selbst war (nämlich *Her Majesty The Baby* in einem früheren Lustzustand), können also gelesen werden als Formeln für die Frauen des Vereins wie für Patientinnen: zu starke Objektliebe außerhalb der Analyse stört die Entstehung der Übertragungsliebe.

(Das Gesetz der sexuellen Enthaltsamkeit während 'der Kur' klingt als eine Art Ostinato in diese Sätze hinein.)

Sätze an Frauen, die Freud, er hat keine Sekunde aufgehört, Staatsmann zu sein, zum Staatenbau als Töchter braucht; denn keine andere Frau als diesen zwischen 'sexuellem Erwachen' und Ehestadium undefiniert angesiedelten Typ 'junges, intelligentes, aufgewecktes, erregtes, sehnsuchtsvolles, tiergleich seiner Schönheit unbewußtes Mädchen' beschreibt Freud hier als den 'eigentlichen Typ' Weib. Er spricht von im Prinzip männerlosen Frauen (oder Frauen, die mit Männern nur locker, unbestimmt, unentschieden verbunden sind, und die es möglichst bleiben sollen); er spricht von Frauen für Frauen, die interessiert und geeignet sind, Mitglieder zu werden des psychoanalytischen Staats.

Zwei weitere Frauengruppen werden von Freud mit einem Programm bedacht, und zwar in einem einzigen Absatz, der geradezu überrumpelungsartig dem eben zitierten angefügt ist. Er sagt:

> Auch für die narzißtisch und gegen den Mann kühl gebliebenen Frauen gibt es einen Weg, der sie zur vollen Objektliebe führt. In dem Kinde, das sie gebären, tritt ihnen ein Teil des eigenen Körpers wie ein fremdes Objekt gegenüber, dem sie nun vom Narzißmus aus die volle Objektliebe schenken können.

– daß solche Sätze die eben eingeführte Unterscheidung zwischen 'narzißtischer' Besetzung und 'Objektliebe' wieder aufheben, ist von verschiedenen Autoren bemerkt worden (z.B. von Laplanche und Pontalis). Es sei hier nur vermerkt. Wichtiger: hiermit hat Martha Freud (wie andere Frauen ihrer Lage) den Trost, nichts entbehrt zu haben: die Liebe zu den Kindern ist die volle (narzißtische) Liebe der Ehefrauen, sagt Freud. Was sie von einem Ehemann bekommen hätten (oder ihm hätten geben können), hätte nie daran herangereicht. Faktisch mag das für viele Frau/Mann-Verhältnisse stimmen, daß die Liebe zu den Kindern für die Frauen befriedigender verläuft als die zu ihrem Mann. (Aber hat das mit 'Objektwahl' zu tun, mit 'Narzißmus', mit *psychischen* Gegebenheiten der Geschlechter?)

Nun fehlt noch ein Stückchen Liebeswahltheorie für diese Kinder selber, z.B. für eigene Töchter, die Frauen werden; genau diese fügt Freud im Rest des Absatzes an, er braucht gerade zwei Sätze dafür:

Noch andere Frauen brauchen nicht auf das Kind zu warten, um den Schritt in der Entwicklung vom (sekundären) Narzißmus zur Objektliebe zu machen. Sie haben sich selbst vor der Pubertät männlich gefühlt und ein Stück weit männlich entwickelt; nachdem diese Strebung mit dem Auftreten der weiblichen Reife abgebrochen wurde, bleibt ihnen die Fähigkeit, sich nach einem männlichen Ideal zu sehnen, das sie selbst einmal waren.

Dies ist ein perfektes Programm für Töchter, die nicht heiraten und kinderlos bleiben, die mit einem überlegenen Vater männlich identifiziert sind und die Nachfolgerinnen des Vaters (im glücklichsten Falle) werden; genau für den Typ Tochter, der Anna Freud tatsächlich geworden ist.

Ob Freud bei diesen Sätzen Anna vor Augen hatte für diese Aufgabe, ist allerdings zweifelhaft; aller Wahrscheinlichkeit nach dachte er mehr an seine von ihm so genannte Lieblingstochter Sophie, Annas ältere Schwester, die aber heiratete und 1920 an der sog. spanischen Grippe starb.

Dieser Typ Sekretärin-, Stütze-, Nachfolgertochter (Freud hat ja Anna in dieser Funktion bekanntlich seine Antigone genannt) ist nicht auf den Mann Freud beschränkt.

Den eben erschienenen Tagebüchern Thomas Manns aus den Jahren 1946-48 ist zu entnehmen, wie Thomas Mann sich darüber freut, dem Hineinwachsen seiner Tochter Erika ('mein Lieblingskind') in die Aufgaben als Sekretärin, Biographin, Nachlaßhüterin, Tochter-Adjutantin zuzusehen.

Tochter-Adjutantin, ein ganz hervorragender Begriff. Für solche mit der Arbeit des Vaters identifizierte Töchter ist also der letzte Abschnitt von Freuds Gesetzen der weiblichen Liebeswahl von 1914 gemacht.

Geht man in der Ausgabe der Gesammelten Werke Freuds vom *Narzißmustext* aus eine Seite weiter, steht da groß: DER MOSES DES MICHELANGELO. Moses ist die Figur, mit der Freud sich in seinem Schreiben von hier an bis zu seinem Tode zu liieren oder zu identifizieren beginnt. Er gebiert sich als solcher, die Wege durch die Wüsten weisend, im *Narzißmustext*:

Vor uns steht der Herr Freud/Moses mit den Tafeln unter dem Arm (nicht Herr Dummkopf, der Unsinn redet über die Weiblichkeit).*

*

Wenden wir den Blick aus der Welt der Absichten, Strategien und Dekrete zurück in die Welt vorkommender Liebesbeziehungen (die weniger verbreitete, aber *realere*), dann ist für die 'volle Objektliebe' zu sagen, was schon beim 'Anlehnungstypus' auffiel: sie ist bei Frauen nicht seltener als bei Männern. 'Volle Objektliebe' (und zwar *ohne Sexualüberschätzung*) habe ich, wenn ich mich nicht täusche, eher bei Frauen gesehen. (Und natürlich haben auch Frauen des Freudschen Vereins nach ihr geliebt.) Sie basiert auf einer weitreichenden Wahrnehmung der Wirklichkeiten des geliebten Objekts (was Emma Jung Freud

* *auch nicht der König Lear, der alle Liebe aller Töchter* ganz *wollte und unterging.*

anbot, kommt aus jenem Bereich). Frauen, die mit ungetrübtem Blick lieben, sind aber, theoretisch jedenfalls, von Freud (und auch sonst) nicht vorgesehen. Männer sowieso nicht (aber das hat, wie wir sahen, andere Gründe ... hat zu tun mit Verfahren der 'freien' und 'geheimen', d.h. der verdeckten Wahl. Nicht umsonst macht der Blitz es sehr *kurz* mit der Lichtproduktion beim Einschlag).

Revenants & Frauen in Paaren, 'ohne Mann'.

Ein, zwei Dinge aus der Welt der vorkommenden Liebesbeziehungen sind noch anzufügen hier.

1933 kommt eine merkwürdige Patientin zu Freud in die Analyse, die amerikanische Dichterin Hilda Doolittle, die, sagt sie, mehr über die Zusammenhänge von psychoanalytischen und dichterischen Verfahren erfahren möchte, als sie sowieso schon weiß (ich glaube, niemand wußte mehr als sie darüber). Sie schenkt und bestätigt Freud erneut die Existenz einer Figur, die wie ein Strukturelement sein Liebes- und Arbeitsleben durchzieht, den Revenant, die Revenantin, Hauptfigur seines literarischen Schreibens von der *Traumdeutung* an: Freud machte die Erfahrung, daß ihm nicht nur die Menschen seiner Kindheit wieder erschienen (im Traum; dann außerhalb des Traums), daß vielmehr allen bedeutenden Menschen seines Lebens die Eigenschaft anhaftete, aus seinem Leben nicht verschwunden zu sein, wenn sie einmal da gewesen waren; die Eigenschaft, wiederzukehren in anderen Menschen, in anderer Gestalt, aber deutlich, überdeutlich als eine Wiedererscheinung gewesener, verlassener, sogar vergessener oder gestorbener Menschen; eine Figur, die er *Revenant*, den Wiederkehrenden, den nie aufhörenden Doppelgänger aller wichtigen Menschen genannt hat, die es in seinem Leben gab (Leben nach dem Anlehnungstypus? Reihen von Anlehnungen; gut in Freuds Leben zu sehen).

Der erste große Text, den Freud 1906/07 zum Verhältnis von Psychoanalyse und Literatur geschrieben hat (zu Wilhelm Jensens *Gradiva*), gilt genau dieser Figur, einer Revenantin in dem Fall. (Jung bekam diesen Text als Eintrittsgeschenk in die Psychoanalyse.)

Ein Mann, ein Archäologe (Freuds Lieblingstraumberuf), der in den Ruinen von Pompeji herumläuft, trifft dort eine Frau, die bei ihm zu Hause als Gipsabdruck an der Wand hängt, eine vor bald 2000 Jahren in Pompeji verschüttete Frau, und es stellt sich heraus als Wirklichkeit; es ist keine Tote, es ist eine Lebende und es ist eine Tote. Es ist die aus Pompeji (vom Gipsabdruck), und es ist auch seine Kindheitsgeliebte aus dem Hause gegenüber, die in seiner eigenen Archäologie verschüttet worden war. So etwas ist Freud in seinem Leben mehrfach passiert, es ist so oft und eindrücklich passiert, daß er in seinen letzten 20 Lebensjahren (wenn nicht früher) sicher war, daß es telepathische Phänomene gäbe, die daran beteiligt wären, daß manche Leute unweigerlich 'telepathisch' Wege zu ihm fänden; daß alles, dies wurde eins seiner intensivsten Lebensglücke, wiederkomme. Nichts geht unter, was man selbst am Leben hält.

Hilda Doolittle (als Autorin H. D.) kam als ein ganzes Bündel von Revenantinnen in die Analyse (wie sie 20 Jahre später in ihrem Buch *Tribute to Freud* bis in ungeheuerste Details beschrieben hat). Sie stand mit vielen Leuten aus dem Umkreis der Psychoanalyse in Verbindung, war informiert über alles, was zu jener Zeit irgendwie von Freud oder über Freud bekannt war (eingeschaltet in mehrere Informations-Circuits); sie hat Freud nichts davon gesagt, sondern das Spiel der Revenantin überraschend gespielt, so überraschend, daß Freud, mißtrauisch und hingerissen zugleich, nicht umhin kam, sie wiederholt zu fragen, ob sie sich etwa *vorbereite* auf die Stunden ... das dürfe man nicht.

Worauf konnte sie sich vorbereiten? In ihrem Leben gab es eine Reihe von Zügen, die sich mit dem Leben (oder Sterben) von Freuds Töchtern Sophie und Anna berührten. Ich erwähne hier nur zwei: einmal mußte sie Freud als eine Art Revenantin seiner 1920 an der Spanischen Grippe gestorbenen Tochter Sophie erscheinen; die 'Spanische Grippe' galt damals als unheilbar. Mit Hilda Doolittle kam eine Frau, die beinah gleichzeitig mit Sophie vom selben Virus befallen worden war, aber die Krankheit (der Arzt hatte sie aufgegeben) auf *wundersame* Weise überstanden hatte. Wie Sophie war H. D. schwanger gewesen und hatte, kurz vor der Krankheit, ein Kind geboren. H. D. wußte, daß sie Freud wie die Doch-Möglichkeit der Unmöglichkeit des Weiterlebens von Sophie erschienen sein muß.

H. D., verheiratet, aber von ihrem Mann getrennt, der auch nicht der Vater ihres Kindes war, lebte seit den frühen zwanziger Jahren mit der englischen Reederstochter Winifried Ellerman, literarischer Name *Bryher*, in einer Art Paarbeziehung zusammen; Bryher, selber kinderlos, zog H. D.'s Tochter Perdita, als zweite Mutter oder 'Vater' des Paars mit auf; sie war auch verheiratet, lebte aber nicht ehelich. Als 'vateridentifizierte Töchter' (Freuds Typ Nr. 4) erscheinen beide in einem Aufsatz über H. D. von Renate Stendhal. H. D., die wie Anna Freud als Sekretärin ihres Vaters gearbeitet hatte, wußte, daß im Haus Berggasse 19, im Stockwerk über dem Analysezimmer, ein ebensolches Paar aus zwei Frauen lebte, Anna Freud und Dorothy Burlingham. Dorothy Burlingham war ebenfalls verheiratet,

Mutter von vier Kindern, von ihrem Mann getrennt. Ihre Kinder waren Anna Freuds erste Patienten gewesen. Als Tochter von Louis Comfort Tiffany konnte sie, schreibt Paul Roazen, die Behandlung gut bezahlen (auch wenn es immer Schwierigkeiten mit den New Yorkern gab, die die 'jüdische' Psychoanalyse haßten). (H. D.'s Analyse war von Bryher bezahlt worden, mit einem 'großzügigen Scheck' ein halbes Jahr im voraus.) Bryher selbst war in einer Analyse beim Berliner Freudianer Hanns Sachs.

Anna Freud und Dorothy Burlingham hatten sich im Verlauf der Behandlung der Kinder der Amerikanerin befreundet. Befreundet? *They fell in love*; nach einer gewissen Zeit andauernder Bekanntschaft ('Verlobungszeit') zog Dorothy ins Freudsche Haus in Wien und blieb dort.

Seit Elisabeth Young-Bruehls Anna Freud-Biographie kann man die Objektwahlweise der Verbindung bestimmen. Dorothy Burlingham war wie Anna Freud das jüngste Kind einer Reihe; aufgewachsen, wie Anna in einer engen, gespannten Vaterbeziehung. Als Kind hatte sich Dorothy wie Anna als unerwünschtes Anhängsel ihres Haushalts gefühlt, als die überflüssige Kleine, den älteren Geschwistern ein Langweiler und eine Last (Young-Bruehl). Objektwahl nach der Psychoklassenlage in einer weibweiblichen Version demnach.

Freud schreibt über die Verbindung 1929 an Binswanger:

... Unsere Symbiose mit einer amerikanischen Familie (ohne Mann), deren Kinder meine Tochter mit fester Hand analytisch großzieht, befestigt sich immer mehr, sodaß auch unsere Bedürfnisse für den Sommer gemeinsame sind ...

Anna Freud hat durch diese Verbindung eigene Kinder ohne Ehemann und ohne Geburten; gezeugt aus 'Symbiose' mit der passenden Tochter einer American family. Freud sieht Anna in seiner Formulierung in der *väterlichen* Rolle des Paars. Die beiden blieben auch nach der Emigration zusammen und betrieben in London gemeinsam die Hampstead Klinik. Die Kinderanalyse hat diese *beiden* zu Müttern.

Sie waren kein lesbisches Paar, sagt Young-Bruehl.

Eine vollkommene Verwandlung der *South of the Border* – Sexualität in Produktionssexualität also wie bei Alma & Alfred Hitchcock? Gewiß auch das, gewachsen aus einem Blick, den Anna bekam als Sekretärin-Tochter Sigmund Freuds (ihre Pubertät dauerte bis zum 28. Lebensjahr, sagt ihre Biographin), Blick aus dem Innersten des psychoanalytischen Büros auf gängigere Arten der Objektwahl, der in einem Brief Annas an Dorothy die Formulierung fand: As far as I can see, being in love is never really enjoyable.*

Wir werden nicht falsch liegen mit der Annahme, daß dies (für eigene Töchter und Töchter seines Staats) Freuds Traumverbindung war, Freuds Traumpaar. (Jedenfalls nachdem sein früheres, Anna mit einem der Kronprinzen, eine Schaumkrone geblieben war.) Seine bekannten Animositäten gegen Schwiegersöhne müssen nicht persönlich begründet sein; sie gelten am Ende der Tatsache *husband*. Wenn Freud 1936 in einem Brief an Stefan Zweig sich selber als gesegnet mit einer Tochter beschreibt, 'die in seltenem Ausmaß alle Ansprüche eines Vaters befriedigt', ist ihre Beziehung mit Dorothy Burlingham darin eingeschlossen.

Der Satz ist in gewisser Weise umkehrbar, übrigens: welcher Vater hinterließ einer Tochter je ein derartiges Reich (Arbeitsge-

* *Elisabeth Young-Bruehl: Anna Freud. A Biography. New York 1988, S. 192.*

biet, Lebensgebiet). Und es war *gedacht* als Hinterlassenschaft. Freuds Kronprinz war eine Frau, schließlich. Mit den Männern des Vereins (sie mochte sie) war sie verbunden, wie es kein Mann gewesen wäre: ohne Krieg. Den gab es eher mit Konkurrentinnen wie Melanie Klein. (Und mit einem neuen König Lacan, den sie, nach einmaliger Kongreßberührung, mied.)

Hilda Doolittle auf Freuds Couch im Sommer 1933 – sie hat die Hakenkreuze, mit Kreide aufs Pflaster gemalt, schon gesehen, die zu seiner Haustür führen – kommt nicht nur als Botin von Sophie und als bestätigende Doppelgängerin von Annas Paarbildung, sie kommt in vielen weiteren Gestalten, die ich hier nicht entschlüsseln will, und sie kommt als Tochter, die die Freudsche Abneigung gegen Männer aus der Sohnesgenealogie (Männer vom Stamm der Schwiegersöhne und -brüder) teilt; kommt selber in einer Vater-/Großvaterverbundenheit und überreicht als diese besondere Tochter Freud eine besondere Krone, einen Kranz (jedenfalls in ihrem Buch 1956, zu seinem 100. Geburtstag; ob auch mündlich ihm selber, kann ich nicht sagen). Aus ihrer Abkehr von den vielen Orpheus-Männern in ihrem Leben, insbesondere von D. H. Lawrence, gibt sie Freud den Kranz des Sängers, *des* Sängers, der die Frauen nicht versehrt, sie nennt ihn (*dazu* mußte eine *Amerikanerin* kommen, eine mythologiengestählte) Singmund, ihn, den 77jährigen mit dem krebszerfallenen Mund, dem niemand mehr sich nähern kann des Geruchs wegen, der von der Wunde ausströmt – Singmund Orpheus Freud; den, der sich nicht umdreht auf der Treppe, der wenigstens *einigen* Frauen ein bißchen hinaushilft in die Oberwelt.

(Die Frauen, die unter einem oder mehreren seiner Nachfolgerväter gelitten haben, mögen ihr und mir verzeihen). Es gibt noch nicht sehr viele Treppen 'hinaus'; man braucht die, an denen gebaut wurde, nicht unbedingt verschütten.

***

Zwei Überlegungen zum Schluß

1. Was singt es denn?

Es singt etwas Merkwürdiges, ein Lied, das die Schwalbe nicht erwartet hat, zu hören, als sie anfing, hier herumzufliegen.

Das Liebesobjekt gibt es nicht, scheinen die Freudschen Verfahren zu sagen. Es ist praktisch ein *Spektrum* von Objektbeziehungen, das *die Liebe* macht und das sie am Laufen hält.

Freud braucht, seinen Arbeits- und Liebeswünschen entsprechend befriedigt leben zu können, a) eine Braut, an der sich ein Lebensplan entwerfen und mit deren Hilfe sich ein Geschichtswechsel vollziehen läßt; b) eine Ehefrau für die Kinder, für das Haus und eine zeitlang für sexuelle Liebe; c) eine Reihe intellektueller Frauen zum Weiterentwickeln der eigenen Arbeit, Arbeitslieben oder 'mediale' Frauen. Diese Reihe ist aufgebaut auf bzw. läuft parallel einer anderen Reihe, der von Patientinnen, mit deren Hilfe bestimmte Erkenntnisse gewonnen werden und die selber die Reihenzugehörigkeit wechseln können; d) in männlichen Produktionspaaren jeweils einen Zentralfreund, 'Kronprinzen' oder 'Mitgenie'; e) eine Tochter-Sekretärin-Nachfolgerin, in deren Liebesleben ein Schwiegersohn-Mann nicht vorkommt.

Dies alles sind Aspekte von Freuds *Liebeswahlen.*

Der Zuwachs an Liebesplateaus im Lauf des Freudschen Lebens bedeutet, daß keine *Trennungen* von Liebesobjekten vorgenommen werden müssen; es gibt Additionen, Ausbauten, Verlagerungen (nicht nur – mit Freuds eigenem, eher unglücklichem Begriff, *Sublimationen*). Wenn Freud, 80jährig, seine Ehe mit Martha Bernays als eine glückliche beschreibt, gibt es auch daran nichts zu mäkeln. (Die Typen, die Freuds Liebesleben für 'unglücklich' erklären, weil er von einem bestimmten Zeitpunkt ab nicht mehr mit Martha Freud geschlafen hat, haben nicht sehr viel gesehen vom Freudfilm, gerade bloß den Vorspann).

All you need, scheint Freud zu sagen, ist, die Reihen in Betrieb zu halten, die 5 (vielleicht sind es auch mehr) Arten der Beziehungen nicht zu vermischen, von der Ehefrau nicht zu verlangen, was sie nicht kann oder will; von der Tochter, was sie kann und will; fortfahren, weiterwünschen, dann werden sie nicht aufhören zu erscheinen, die Revenants nicht, die Liebesmomente nicht.

Der Freudsche Libidobegriff ist im Kern ein Reihenbegriff. Erst wird die Mutter ersetzt, dann gehen die Ersetzungen weiter, wechseln die Ebenen, falten sich aus. *Das* Liebesobjekt gibt es zwar (an einem Ursprung), aber es wird aufgespalten, unterteilt, kaleidoskopiert.

Einen Hinweis darauf gibt Freud selber, wenn er an die Aufstellung möglicher Liebesobjekte im Narzißmustext das Sätzchen anfügt: – und die in Reihen von ihnen ausgehenden Ersatzpersonen. So etwas fällt einem (mir) erst auf mit Kenntnis zugehöriger Geschichte. Vorher sah es aus wie ein Wurmfortsatz.

Sehr bemerkenswert im Freudschen Verfahren ist, daß die Trennungen, die Kriege, *die Scheidungen* auf eine Mann-Mann-

Ebene verschoben sind. Jeweilige Kronprinzen verlassen den analytischen Staat mit den Begleiterscheinungen von Scheidungskriegen; die anderen, vor allem die Frauen, bleiben erhalten.

Wen oder was besetzt also *'die Libido'?*

– 'sowieso nur Partialobjekte, niemals ganze Personen', rufen die französischen Freud-/Antifreudianer seit Jahren in die Winde; und, vieles bei Freud kommt ihnen entgegen. Ist die Libido selber eine segmentierte Energie, die auf Segmente und Reihen geht?

Dem stünden entgegen nur der *Blitz*, die Zwangsverliebung, die aufs *Ganze* geht – (die, sieht man sich die Fälle näher an, jedoch zu raten scheint: besser man wird nicht erwischt von einer *vollen* Ladung Libido)

– oder aber die 'volle Objektliebe' ohne Verkennung, ohne Sexualüberschätzung (an die Freud aber nicht glaubt; und seine Kritiker auch nicht).

*

2. Wo und ab wann gibt es Frauen?

Die Frage fragt so, weil die Frauen, von deren Liebeswahlweisen Freud spricht, durchweg in der Tochtergenealogie bleiben (in einem der Fälle Töchter sind, die in Mütter verwandelt werden). 'Töchter' und 'Mütter' sind aber nicht einfach *Frauen*, im Sinne wie es institutionen- oder staatenunabhängige Männer historisch (hier und da) gegeben hat.

Alle Liebestheorien, die es bisher gibt, beziehen sich auf Töchter.

Die *freischwebende* oder frei lebende, frei arbeitende, von Instituten oder von der Vaterökonomie unabhängige Frau beginnt es geschichtlich erst zu geben (als nicht nur theoretische Möglichkeit und für mehr als *einige*). Von der Vater*sexualität* unabhängige gibt es schon ein paar mehr.

Hinter der Bezeichnung *Frau*, die von der West-Liebe an alles geklebt worden ist, was die Regale schmückt *zum Verkauf*, verwendbar für *Alles*, was irgendwelchen *Wert* trägt im System der Codierungen der männlich beherrschten Gesellschaften, hinter dieser Ubiquität *FRAU* wird leicht übersehen, daß es Frauen, einzelne wirkliche Frauen in dem Maße erst geben wird, wie sie sich erfinden als Nicht-mehr-Töchter. Anna Freud, selbständig geworden, war eine von ihnen.

Boys will be boys, but girls will be women, sagt ein amerikanisches, von College-Frauen gern an die Türen ihrer Arbeitszimmer gepinntes Graffito. Sind sie da schon so weit?

Auf dem Weg dahin (sagen Analytikerinnen wie Luce Irigaray), liegt eine Verwandlung des Tochter-Status: von einer Tochter-des-Vaters zu einer Tochter-der-Mutter zunächst zu werden; eine Verschiebung in der weiblichen Psyche (und auch im Freud-Staat) von unabsehbaren Folgen. *The Mother/Daughter Plot* heißt ein neues Buch dazu von Marianne Hirsch, das, wie mehrere amerikanische im Moment, den Blick in diese Richtung lenkt. Bisherige Vaterstaaten (auch der aufgeklärte Freudsche mit Teilausgängen für 'die Weiblichkeit‘) führen 'die Mutter‘ als Figur, die von der Tochter abgelehnt werden muß.

Das Theorem vom *Penis-Neid* hat zum Hintergrund die gesellschaftliche Machtlosigkeit der Mutter. *Loch* für Vagina, ist auf einer tief verankerten Ebene des *Bescheidwissens* der Ausdruck der Verwerfung der *Phalluslosigkeit der Mutter*, und zwar durch beide Geschlechter. (Phalluslosigkeit = gesellschaftliche Machtlosigkeit.)

Freud war nicht *ganz* unfreundlich, wenn er sagte, wenigstens ein Kind würde helfen, dieses Loch zu stopfen. (Kind = Phallusersatz.)

Es hilft aber nicht genug, wenn Mütter Söhne gebären müssen, die programmiert werden, sie zu verachten (Mutter = Loch = Müllgrube), und damit (Anlehnungstypus) die Frauen zu verachten, die sie heiraten werden.

Der Grundtypus der (männlichen) Anlehnungsliebe dürfte weiter sein, nach einer Frau zu schauen, die man treten kann, wie man die Mutter trat. Die Hitzeentwicklung der *Objektwahl*, – ein Budenzauber für anfällige Mädchen, denen man etwas vormacht. Mann macht etwas vor, das ist sein Leben.

Anlehnung und kein Ende ... die Liebe macht *weiter* ... angelehnt an die *Schrecklichkeiten* der Eltern, seltener an ihr Schöneres. Das liegt daran, daß die Zerstörungen in der Geschichte der einzelnen Körper stärker nach Bearbeitung verlangen als die weniger häufig ausgestreuten Schönheiten.

Es gibt auch Leute, die sagen, daran läge es *nicht*. Der Mensch sei so. Widerspricht wer?

(Ganz unemphatisch dieser Abschnitt ... ohne Liebe ... *Außer* Atem.)

*

Until The End Of Time
I'll Be There 4 U
U Know My Heart And Mind
I Truly Adore U.

EPILOG ½ Jahr später (23 Jahre später).

– der Erdball ist sich in die Arme gefallen, daß die Mauern stürzten und das Ost-Bett wackelt. Es hat OBJEKTWAHL gegeben und Satellitenschaltungen Live soweit das Leben reicht.

Verheiratet auf mcLuhansche Weise (und noch ein bißchen anders). Viele wollen was schenken und senden zur neuen Liebe.

Ich lege eine Platte auf, die neue von John Lennon again ... *I saw a film today, oh boy / The German Army had just won the war.* – Bismarck, sagt Lennon, schiebt die NATO an die Oder-Neiße vor. *A Day in The Life, 17. Juli 1990* (der 23. Todestag von John Coltrane, sagt es in meinem Kopf. *A Love Supreme*).

Das ist es nicht gerade, was die Ost-Liebe, übergelaufen in schwarzrotgoldene Meere, bekommt von der West-LOVE jetzt.

Mutual recognition, sagt die New Yorker Analytikerin Jessica Benjamin (mit Winnicott und anderen guten Tönen im Ohr), ist die Voraussetzung haltbarer Objekt*beziehungen*, wechselseitiges Erkennen und Anerkennen der Andersartigkeit des Objekts.

Statt dessen die gordische Beseitigung der Mauer mit Durchhauen aller Differenzen ... Liebe, unter die Kotflügel geraten ... kein Mund bereit zum Kuß der Hälften (Einführung des finalen Todeskusses auf dem Programm).

wo Gefühle entstehen sollen
entsteht das tote Meer
das wir herumzeigen von Morgen bis Abend

schreibt am 16. 2. 1990 ein Dichter, kühl. Was soll er sonst schreiben. That *Money Can't Buy You Love?* Das glaubt ihm keiner.

Das Objekt der Begierde (sagen BILD und das TV) ist ein Goldpokal, projiziert auf eine verschwundene Mauer.

Das Objekt des Anstoßes hat sich unsichtbar gemacht. Es schlüpfte am 20. Juli 1990 ganz und gar in die Haut einer sog. RAF.

(– in this way Mr.K. will challenge the world.)*

Das Tor ist auf, die Wasser tief sind zu, kein Halogengeschütz verbrennt die Nacht, keine böse Nonne läßt die Bundesbank ertrinken, nichts hindert länger die ersehnte Umarmung der Königs- und Kaiserkinder. Und nun Alle: *All you need is –*

Entmischung und *Entdifferenzierung* sind die Folgen einstürzender Altbauten, sagt die Psychoanalyse (als Doktor am Volkskörper nicht zugelassen).

Entmischte (= reine) deutsche Gefühle kommen auf uns zu ... 40 Jahre zurückgehaltenen deutschen Innenlebens, brüllend nach LOVE.

Wird das *Liebe*?

Die geht wahrscheinlich mit dem letzten Kommunisten (*dafür* nehmen sie einen Juden, natürlich, sagt Andy Rabinbach in New York) dahin, wo die Zitronen blühn (in *mutual recognition*).

Ein ganz schöner Ort wahrscheinlich.

Auch wir haben in Arkadien gesessen.

ENDE

* *das ist ein Wendepunkt in der Geschichte, den die Geschichte mitmachen* will.

Nachwort:
Regenbogenbrücke den Wandsefluß hinunter.

Der Hamburger Stadtteil Wandsbek hat seinen Namen von dem kleinen Fluß Wandse, der sich westwärts, über den Eichtalpark zum Holzmühlenteich durch Wandsbek schlängelt und weiter, begradigt zum Eilbekkanal, durch Eilbek und den Kuhmühlenteich, Richtung Hamburg Zentrum, der Alster zu. Flüsse, noch so kleine, verbinden alles mit allem (*'das ist ihr Wesen'*), dieser *verbindet* den Liebestheoretiker Freud mit den Love-Sängern aus Liverpool und einiges mehr.

An der Wandse betrachteten Freud und Martha Bernays gewisse Sphingen, an der Wandse wurde der Beatles-Haarschnitt erfunden, an der Wandse zwischen diesen beiden Punkten liegt die Hamburger Hochschule für Bildende Künste, in der Vlado Kristl Atelier und Domizil hat, an der Wandse wohnt auch Martin Langbein, der mich dieser Tage ein paar Wege geführt hat, vier Kilometer *die Wandse runter.*

Nicht mehr an der Wandse wohnt eine Sorte Menschen, die in Deutschland überwiegend als Gedenksteine vorkommen, wenn überhaupt.

In Wandsbek war eine von drei jüdischen Gemeinden im Hamburger Raum. Wie die zweite, Altona, lag sie bis 1864 nicht auf deutschem, sondern auf dänischem Gebiet. Nach zwei Jahren unter österreichischer Hoheit wird Wandsbek im Juli 1867 preußisch und bleibt es bis 1937; ab da hamburgisch-hanseatisch.

In einem Intermezzo 1812 waren die drei Gemeinden *eine* gewesen: Napoleon hatte sie zusammengelegt. Hamburg war als 'Departement Elbmündung' dem Napoleonischen Reich angegliedert. Erstmals die *Marseillaise* in Hamburg am 19. Nov. 1806, Einmarsch der Truppen Napoeleons.) Die jüdischen Einwohner des Departements bekamen volle Bürgerrechte; das ging nur ein paar Jahre.

Sigmund Freud und Martha Bernays wurden in Wandsbek im Rathaus an der Königsstraße getraut. Die Königsstraße hieß so, weil und seit der dänische König Christian VIII. im Juli 1840 als Landesherr hindurchgezogen war. Vorher hieß sie 'Neue Koppel'. Die Trauung in einem preußischen Rathaus (unter dem Schwan im Wappen des Kreises Stormarn, Holstein) hätte genügt zu einer ordentlichen Ehe in Wandsbek, nicht aber für das habsburgische Wien, das 1886 noch Eheleute in die Kirchen befahl. So gingen Freud (der das gern vermieden hätte) und Martha Bernays in die Wandsbeker Synagoge (sehr zur Erleichterung der religiösen Teile der Bernays-Familie).

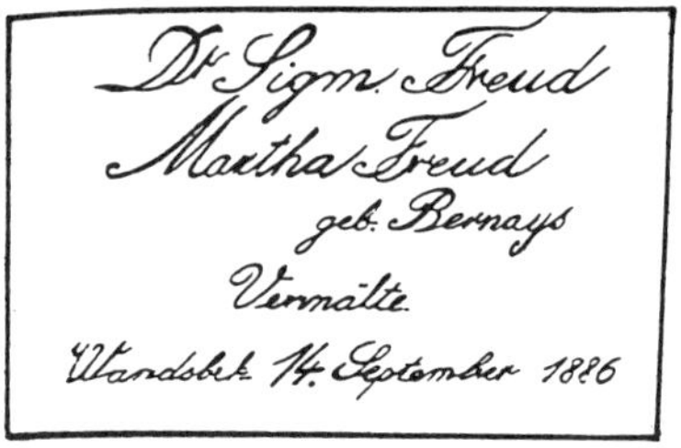
Dr Sigm. Freud
Martha Freud
geb. Bernays
Vermählte
Wandsbek 14. September 1886

Die Synagoge war um die Ecke Lange Reihe/Königsstraße, ganz nah beim Rathaus Richtung Fluß. Heute steht gegenüber, wo die Synagoge stand, ein Findling mit eingelassener Bronzetafel. Die Inschrift lautet:

An der früheren Straße Lange Reihe
stand die Synagoge der ehemaligen
Israelitischen Gemeinde in Wandsbek.

Das Gotteshaus wurde 1840 eingeweiht.
Sein Stifter war ISAAK HARTWIG (1776 - 1842).
Zuvor gab es einen Betsaal an dieser Straße.

Hier wirkten die Rabbiner:
DR. DAVID HANOVER (1833 - 1901) und
DR. SIMON S. BAMBERGER (1871 - 1961).

Wegen des reichsweiten Novemberpogroms
paßte die Schutzpolizei auf, daß um den
10. 11. 1938 hier kein Feuer gelegt wurde.
Später jedoch drangen Männer der SA in
das Gebäude ein und randalierten dort.

Das Grundstück mußte 1939 verkauft werden.
Im Krieg wurde das Gebäude 1943 ausgebombt.
ACHTE ALLZEIT GLAUBEN UND DENKEN ANDERER!
Bezirksversammlung Wandsbek –

– dann eine Jahreszahl, 1988. Zum 50. Geburtstag der Synagogenbrände segnete eine vom Genius des Ortes geküßte Hamburger Stadträteversammlung diesen Text ab und ließ ihn in Erz gießen. Jetzt steht er da und kündet vom Widerstand der Hamburger Schupos (alles alte Thälmann-Boys) gegen randalierende SA-38'er, von Änderungen im Grundbuchwesen 1939 und von der RAF (Royal Air Force), die 1943 so gnädig war.

Mit dem Wort *jüdisch* hat man die Anwohner, die da vorbeimüssen (Dotzauer Weg, für Fußgänger/Radfahrer), verschont. Es gibt einen Staat 'Israel', es gibt auch einen Staat Dänemark.

Ob das jemand der Passanten im Gefühl hat auf dem Weg zum angrenzenden Wochenmarkt, daß das mal dänisch / jüdisch war? Im Jahr 1988ff, in dem eine republikanische Bezirksversammlung sich erinnert an ein *reichsweites* Novemberpogrom? Die November machen weiter ... die *Gotteshäuser* machen weiter ... in Wandsbek ... Leipzig ... sonstwo.

Wandsbek ist, wie mehrere in Hamburg, ein nach dem 2. Weltkrieg großenteils neu erbauter Stadtteil, eine einzige Geschichtsrasur, häßlich wie Bomben bis jetzt. Das Haus, in dem Emmeline Bernays und ihre Töchter wohnten, gibt es nicht mehr, wie alle anderen, jüdische und nicht-jüdische, die dort standen. An der Stelle des Bernays-Hauses (damals Hamburger Straße, jetzt Wandsbeker Marktstr. 38) befindet sich ein Warenhaus, die *Kaufhalle*.

Auf der anderen Straßenseite (man überquert die B 75, Hauptverkehrsader), schräg gegenüber, weist eine Inschrift auf den 'Wandsbeker Boten', Matthias Claudius, hin, der dort ein Jahrhundert früher gelebt hat. (Auch gelebt hat dort, bis 1939, der Vorsteher der jüdischen Gemeinde, Benny Beith. *Das Grundstück mußte 1939 verkauft werden.*) Links von der Tür, über der die Claudius-Inschrift sich befindet, ist jetzt ein *Reformhaus*. Rechts war lange Zeit die *Matthias-Claudius-Bücherhalle*, eine öffentliche Bibliothek; jetzt, die MC-Bücherhalle ist umgezogen, gibt es im Erdgeschoß einen Buchladen. Im Glas über der Eingangstür (am 1. 8. 1990) ein schwarzgrünes, selbstklebendes Plastikplakat (häßlich wie Bomben) mit der Aufschrift: „Der neue Simmel soeben eingetroffen".

Vieles in Wandsbek heißt Matthias Claudius, von Apotheke bis Gymnasium. In der Claudiusstraße des Jahres 1886 hat der Fondsmakler Elias Philipp gewohnt, der Onkel Marthas, in dessen Haus Freud die letzten Nächte vor der Hochzeit verbracht hat.

Matthias Claudius, den Pastorensohn, hat Freud *nicht* in seine Wandsbeker Genealogie und den Lebensentwurf mit Martha Bernays hineingeschrieben.

Wohl aber noch diesen und jenen Feldherrn und König. Den ersten gemeinsamen Brief des Paars Freud / Bernays von der Hochzeitsreise an die Mama in Wandsbek unterschrieb Freud mit dem Satz: 'Gegeben in der derzeitigen Residenz zu Lübeck am ersten Tag des hoffentlich dreißigjährigen Krieges zwischen Sigm. und Martha.'

Martha war die Königsfloskeln gewohnt, von Anfang an: in einem der ersten *Brautbriefe*, 7. Juli 1882, schrieb Freud (auf den Rivalen Wahle bezogen: „Ich kann da rücksichtslos sein: Guai a chi la tocca". Das ist der Kriegsschwur der lombardischen Könige bei der Krönung mit der Eisernen Krone und heißt: *Weh dem, der sie berührt!* (Die lombardische Krone ging durch Karl den Großen über in die Krone des *Heiligen Römischen Reiches deutscher Nation.* 1805 setzte Napoleon sie sich auf. Eisern heißt sie, weil ein Nagel vom Kreuz Christi hineingearbeitet sein soll.) Nicht die *geringste*, mit der der Körper Marthas herrscherlich codiert war.

Freud hätte weitere finden können. Die Rantzaustraße und der Tycho Brahe-Weg in Wandsbek zeugen von einer anderen habsburgisch-hamburgischen Verbindung. Heinrich Rantzau, dänischer Statthalter von Schleswig und Holstein (die Quellen bezeichnen ihn als Medici-artigen Fördererer der Künste und Wissenschaften), hatte 1564 das Gut Wandsbek gekauft. Er holte den großen dänischen Astronomen Tycho Brahe nach Wandsbek, als jener durch Christian IV. von seiner Sternwarte auf einer

Insel im Sund von Kopenhagen (Entzug aller Einkünfte) vertrieben wurde. Tycho Brahe kam 1597 mit Familie, Dienern, Schülern und mehreren mit Instrumenten bepackten Wagen in Wandsbek an und richtete im Schloßturm sein Observatorium ein. Das erste in Wandsbek gedruckte Buch ist (lat.) Brahes *Mechanik der erneuerten Astronomie*, gedruckt auf eigener, mitgebrachter Druckerpresse.

Ein Exemplar dieses Buchs ließ Brahe durch seinen Sohn dem Kaiser Rudolf in Prag zukommen, der ihn 1598 als Hofastrologen dorthin berief. Johannes Kepler wurde dort Tycho Brahes Mitarbeiter und eigentlicher Erbe (Brahe, die Nachwelt nennt ihn den 'König der Astronomen', stirbt schon 1601). Seit 1984 haben Kepler und er ein gemeinsames Denkmal in Prag. 'Nie wieder sind seitdem so viele Briefe von Fürsten und Gelehrten von und nach Wandsbek gegangen wie in diesem Jahre' (1598), schreibt Wilhelm Grabke, *Wandsbek und Umgebung, HH 1960*, ganz an den Gelehrten Freud vergessend, der 1960 kein König war in der Wandsbeker Gelehrtengeschichte.

Dies war jedenfalls die erste habsburgisch-wandsbekische Connection.

Tycho Brahes Vertreiber Christian IV. ist auch Gründer der kleinen Stadt Glückstadt, vierzig Kilometer von Hamburg elbaufwärts. Ein dänischer Hafen sollte dort entstehen, meernäher, dem großen Hamburger zur Konkurrenz und als Zollschranke. (1630 ein Seegefecht auf der Süderelbe wegen der Tabakzölle, die Christian IV. von hamburgischen Schiffen erhob.) In der Christian-IV.-Straße Nr. 12 in Glückstadt habe ich von 1956 an drei Jahre gewohnt, nichts von *Christian Vier*, wie wir sagten, wissend, nichts von Tycho Brahe oder Rudolf, nur den amerikanischen König im Ohr. Bild und Namen von Tycho Brahe habe ich erst auf dem Cover von SUN RA's *Heliocentric Worlds* gesehen. SUN RA, Entdecker neuer Galaxien in der schwarzen Musik.

Neben dem Bernays-Haus in Wandsbek lag eine Gaststätte, die *Harmonie*. Dort hat im November 1891 die erste öffentliche antisemitische Versammlung stattgefunden, schreibt Astrid Louven, *Die Juden in Wandsbek (1604 - 1940, Spuren der Erinnerung), HH 1989*, Auflage 500 numerierte Exemplare. 600 anwesende Personen forderten die Aufhebung der Gleichberechtigung für jüdische Bürger und ein Einwanderungsverbot für 'ausländische Juden' nach Wandsbek (laut Polizeibericht).

Gleich nach dem 2. Weltkrieg wurde an der Stelle des Bernays-Hauses wie der ebenfalls zerbombten Gaststätte das *Kino Harmonie* eingerichtet, eins der größten Hamburger Kinos jenes Moments. Auf der anderen Straßenseite erhob sich ebenfalls ein Kino aus den Ruinen, das *Rex*. Im Arkadien der Harmonie oder des Rex gegenüber hat Martin Langbein öfter gesessen (jetzt entdeckend, daß Martha Bernays die Briefe Freuds und Freud selber empfangen hat, wo in den sonntäglichen Jugendvorstellungen der Fünfziger die Post der amerikanischen Western und Piratenfilme junge Hamburger Kinoverliebte erreichte. Inzwischen sind auch die Kinos verschwunden; Kaufhallen, wie gesagt).

Bis zum Mai 1898 gab es fünf weitere antisemitische Kundgebungen in der *Harmonie*, obwohl (oder weil) es immer weniger jüdische Einwohner in Wandsbek gab. Die jüdische Gemeinde hatte durch den Zusammenschluß aller Hamburger Gemeinden an Bedeutung verloren; viele Wandsbeker Juden zogen an andere Orte, unter ihnen Walter A. Berendsohn (Abitur am Matthias-Claudius-Gymnasium), der unter den ersten akademischen Autoren war, die in Deutschland Bücher über Hamsun schrieben. Er hat auch, in Schweden, das erste Exilforschungsinstitut eingerichtet. Andere versuchten die Assimilation ans Deutsche; 1900 gibt es nur noch sieben Kinder in der jüdischen Schule, die 'im Jahre 1901 einging' (Grabke).

Am 9. November 1913 sprechen der Rabbiner Dr. Bamberger und der Vorsteher der jüdischen Gemeinde Benny Beith beim Wandsbeker Oberbürgermeister Wasa Rodig vor, der am 10. November ein Schreiben an Direktor Petersen vom Matthias-Claudius-Gymnasium richtet, in dem die Sätze stehen: 'Die jüdische Gemeinde ist der Ansicht, daß das Lehrerkollegium des Gymnasiums bestrebt sei, die Anstalt judenrein zu machen und daß ihr dies jetzt gelungen sei ...'

Nicht anzunehmen, daß *judenrein* das Wort Beiths und Bambergers war. Direktor Petersen, postwendend: Beschwerden über seine *Amtsführung* seien an die vorgesetzte Behörde ... was sonst.

Zu *sehen* vom ehemals jüdischen Leben in Wandsbek ist heute (außer den Gedenksteinen) noch der jüdische Friedhof. Er ist mit hohen Eisengittern gegen das Betreten gesichert, von Kiefern bewachsen, die ihre tiefen Äste über die Gräber streifen lassen, ein Hummelparadies in der Autobrandung ringsum.

Man kann von außen durch die Gitterstäbe sehen und die hebräischen Inschriften auf den Steinen erkennen. Die Gitter machen mit den Gräbern, was im November 1938 die Schutzpolizei mit der Synagoge gemacht hat.

Es gäbe noch einiges Wandsbek-Geschichtliche zu erwähnen, etwa den in den 1880er Jahren, als Freud dort herumging, weiter blühenden Tabakschmuggel (Wandsbek war lange zollfreies Gebiet gewesen; Tabakarbeiter waren eine der größten

Berufsgruppen in Wandsbek), günstiges Gebiet für einen Zigarrenfreak wie Freud (bis vor kurzem lag ein Reemtsma-Zweigwerk an der Wandse; u. a. JUNO wurde dort gemacht.)

Für hier nur noch die Erwähnung des Verursachers des Namens der Nebendahlstraße in Wandsbek: Nebendahl ist der wandsbekische Stadtbaumeister, der die Fernzündung für Gaslaternen erfunden hat. Sie ermöglichte, abends mit einem Schlag alle Laternen der Straßenbeleuchtung zu entflammen, ein Akt, der Freud in einem Brief an O. Pfister vom 8. November 1934 „an die ersten Schöpfungswunder der Psychoanalyse und ihr 'Es werde Licht!'"erinnert hat. Nebendahl für das äußere, Moses Freud for *The Inner Light*.

George Harrison, von dem *The Inner Light*, Beatles-Version, stammt, war der zweite aus der Band, der in Hamburg die Beatles-„Exi"-Frisur bekam. Der erste war Stuart Sutcliffe, der wenig später ausstieg und sich einschrieb als Student der Hamburger Kunsthochschule, – gut zwei Kilometer die Wandse runter vom Freud-/Bernays'schen Wandsbek gelegen. John Lennon, Freund von Sutcliffe schon auf der Kunstakademie in Liverpool, hoffte, ihn beim 4. Hamburg-Engagement der Beatles 1963 umstimmen, zurückholen zu können. Stu Sutcliffe war *in love* mit einer Studentin der Hamburger Meisterschule für Mode, (1000 m weiter die Wandse entlang Richtung Hamburg Zentrum), Astrid Kirchherr. Die Beatle-Chroniken führen sie als Erfinderin der Beatles-Frisur; erst Sutcliffe und Harrison, dann die ganze Gruppe.

In November 1960, only two months after their first meeting, Stu and Astrid got engaged. They put their money together and went out and bought the rings – one for each of them, in the German fashion. Then they drove in her car along the Elbe *(Hunter*

Davis, The Beatles. The Authorised Biography. London 1968). Die Beatles hatten kein Auto, 1960. *The German fashion* heißt, beide nahmen einen Ring; nach englischer Art bekommt bei der Verlobung nur die Braut einen.

Von Astrid Kirchherr stammen auch die ersten professionellen Fotos der meistfotografierten Gesichter des 20. Jahrhunderts. Ihr Verlobter Stu Sutcliffe ist 1962 an den Spätfolgen einer Liverpooler Schlägerei in Hamburg gestorben.

Klaus Voormann, ebenfalls Student der Meisterschule für Mode (Bassist auf einigen späteren Lennonaufnahmen und Freund Astrid Kirchherrs; er hatte die *Beatles* im *Kaiserkeller* auf der Reeperbahn 'entdeckt'), hat 1966 das Cover zu *Revolver* gemacht, das erste LP-Cover eines Deutschen, das mit einem Grammy Award ausgezeichnet wurde.

Without going out of my door/I can know all things on earth, singt Harrison in *The Inner Light*. Das ist eine andere Art Wissen.

Hier ist der Endpunkt des Walks along the River, U-Bahnstation Mundsburg, Uhlenhorst, kurz vor der Mündung des Eilbekkanals in die Außenalster.

Zurück zum Ausgangspunkt, keine fünf Kilometer die Wandse rauf, stehen am Eingang des *Eichtalparks* zwei steinerne Sphinxfiguren, ganz schön gehauen, auf nicht so schönen rechteckigen Backsteinsockeln. Man kann sie anschauen, jetzt. Sie gehörten mal dem Grafen Schimmelmann (der gleich drei Straßen hat in Wandsbek) und standen vor seinem Hamburger Stadtpalais: in Sandstein gehauen um 1775 von Johann Wilhelm Manstaedt. Zu Freud/Bernays Zeit war eine Gaststätte darin. Der Wirt wollte die Sphingen los sein und hat sie 1882 dem Wandsbeker Lederfabrikanten Caspar Oskar Luetgens geschenkt. Dieser ließ sie in dem von ihm geschaffenen Park auf einer Wandsebrücke aufstellen. Freuds erster Besuch in Wandsbek fällt mit der Ankunft der beiden Steinfiguren über dem Wandsefluß zusammen.

Sagen wir, sie seien gegangen dort; dann ist die in diesem Buch sich streckende eine der Sphingen, an denen König Ödipus (König Ohneland) mit seiner Braut vorüberging, wenn sie, 1882ff., den Fluß überquerten. Und auf Brücken bleibt man stehen (denkt nach über *Sphinxgestalten*, deren berüchtigte Rätselhaftigkeit, soweit sie Frau sind, im Bemühen der Männer besteht, zu verbergen, wie *wenig* Rätselhaftes ihr Umgang mit Frauen, soweit sie keine Sphingen sind, hat).

Von den Sphingen über verschwundene jüdische Plätze zu *Revolver* und *Tomorrow Never Knows*, ein Bogen aus zwei Verlobungen, 1882/1960, unsichtbare *Rainbow Bridge* von der Psychoanalyse zum Mersey Beat *die Wandse runter*, in der Mitte des Bogens, malend und schreibend Vlado Kristl an der Blumenau jetzt; 'am Weg' eine Geschichte von Auslöschungen, nicht zu *sehen*, wenn man da geht und zu 'wissen' auch kaum.

Für hier wußte es (bzw. sah es nach) Martin Langbein, Bewohner des linken Wandseufers in der parallel laufenden Eilenau (unserem Nachtlager, wenn wir durch Hamburg kommen.) Dank eines Stipendiums der Jan Philipp Reemtsma-Stiftung kann Martin Langbein seine verzweigenden Recherchen und Übersetzungen für das *Buch der Könige* momentan als bezahlter Mitarbeiter machen. Herzlichen Dank von hier an JPR (wir kennen uns nicht persönlich).

*

Von Heinrich Heine, den Freud ab der *Traumdeutung* öfter zitiert, den er aber, an Martha schreibend, nicht explizit in seine Herkunftsreihe eingebaut hat (vielleicht, weil er *zu* selbstverständlich in sie hineingehörte: der Bruder des alten Isaac Bernays war mit Heine befreundet und druckte in seiner Zeitschrift 'Vorwärts', die er in Paris herausgab, Heine-Gedichte; dann ist die zweite Frau des Elias Philipp, bei dem Freud die Nächte vor der Hochzeit verbrachte, Mary, eine geborene Heine; die beiden haben eine Tochter Martha, geboren 1882); – von Heine, als er zuletzt in Wandsbek war, bevor er 1831 nach Paris ging, stammt das Liebeslied (*Objektwahl 'Rose'*):

Leise zieht durch mein Gemüt
liebliches Geläute.
Klinge, kleines Frühlingslied,
kling hinaus ins Weite.

Kling hinaus, bis an das Haus
wo die Blumen sprießen.
Wenn du eine Rose schaust,
sag, ich laß sie grüßen.

Mein singendes Mutterradio hatte dies in ihrem Vormittagsrepertoire (flimmernde Heideluft in der Küche; das Kochen hielt den Atem an) wie ich ihn, erneut, anhielt, als ich Marlene Dietrich dies singen hörte in einem Sternberg-Film: für einen kleinen Jungen auf einem Heuwagen und 'auf der *Flucht*' war es auch; Flucht vor einem Mann, der sie/den sie liebte, Flucht zu einem eigenen Leben als Sängerin, als Showfrau *Weiße Lady* in einem King Kong-Kostüm mit abnehmbaren behaarten Hand-Handschuhen, Ellingtonsche Growls in den Hörnern (– immer schon ein Stückchen Wandsbeker Geläute in den *Rosen*). Es hat mir den Atem verschlagen zu diesem aufgeladenen Verstummen, Sprachunfähigkeit bei starken Gefühlen, die daran erinnert, daß *Love* (oder ist es die *Vorstellung* von Love) ihren Ort u. a. an einem der zwei Plätze hat, die Freud in *seinem* Körper als Sitz des Phänomens *Verdrängung* bezeichnete: in der Kehle. (Der zweite für Freud war der untere Körperausgang.) Dies berührt die Liebes*formen*, in denen man lieb*t*; das gewählte Objekt oder andere Menschen liebt. Das ist etwas anderes als die Wahl *des* Objekts, um die es hier ging (und ist auch für ein anderes Mal).

Wenn du eine Rose siehst, laß sie trotzdem –

– und:

I'd like to thank the man who wrote the song
That made my baby fall in love with me.

*

Inhalt